Gabi Christa und Uwe Scharf

Transafrika

Gabi Christa und Uwe Scharf

Transafrika

Mit dem Allrad in 100 Tagen zum
Kap der Guten Hoffnung

Sandneurosen – Reiseliteraturverlag

Impressum

Wir danken allen, die uns bei den Vorbereitungen und während der Reise unterstützt sowie zur Realisierung dieses Buches beigetragen haben.

Verlag: Sandneurosen – Reiseliteraturverlag
Birkenweg 4, D 87642 Halblech
Tel. +49 (0) 8368 9290, FAX +49 (0) 8368 9292
e-mail: info@sandneurosen.com

1. Auflage 2006

Copyright: Alle Rechte, auch Auszugsweise, insbesondere das der Übersetzung, des Nachdrucks, die Entnahme von Bildern, Funkbearbeitung sowie Verfilmung, im In- und Ausland nur mit schriftlicher Genehmigung des Verlages vorbehalten.

Text und Fotos: Gabi Christa und Uwe Scharf

Umschlaggestaltung: Uwe Scharf

Satz und Layout: Uwe Scharf

Lektorat: AlsterText KG, Hamburg

Druck und Bindung: AZ Druck und Datentechnik GmbH, Kempten

Quellennachweise: Das Zitaten Handbuch, Der kleine Prinz, Der Alchimist, Reiseträume, Durch Afrika und diverse Reiseführer

Umschlagseite: Am Kap der Guten Hoffnung

Angaben zum Zahlenwerk beziehen sich auf den Zeitraum 2001 bis ca. 2002

ISBN-10: 3-939792-00-4
ISBN-13: 978-3-939792-00-0

www.sandneurosen.com

Gewidmet unseren Eltern

Rosemarie und
Werner, † 29. Januar 2003

und

Seffi und
Max, † 12. Februar 2005

Unsere Route durch Afrika

Inhaltsverzeichnis:

Gedicht von Uwes Vater	9
Vorwort	11
Die 6 „Ws"	13
Anreise	17
1. Kapitel Tunesien	21
2. Kapitel Libyen	23
3. Kapitel Sudan	53
4. Kapitel Äthiopien	83
5. Kapitel Kenia	127
6. Kapitel Tansania	151
7. Kapitel Malawi	157
8. Kapitel Sambia	163
9. Kapitel Botswana	175
10. Kapitel Namibia	179
11. Kapitel Südafrika	195
Nachwort / Rückreise	201

Gedicht von Uwes Vater

Mit auf die Reise im Februar 2001
gab es ein Gedicht von Werner, Uwes Vater

Auf nach Südafrika – durch den Schwarzen Erdteil

Leben bedeutet Streben
mit Wünschen, Zielen – die geben
Aufschluss über völlig neue Werte
– Historie dergleichen lehrte.

Allein mit Risiko ist zu erfassen
der Erden Vielfalt, alle Klassen.
Ob Mensch – Natur – friedvoll – Gewalten:
Erkenntnis bleibt, lässt sich gestalten.

Da nur Erlebtes kann beweisen
Risiko hier – so auch auf Reisen!
Und wer nicht setzt den Lebenstrumpf,
verpasst viel und bleibt stumpf.

So gilt beim Planen und In-die-Ferne-Schweifen:
nicht rosten – besser begreifen,
dass alles, was an Risiko investiert,
zur inneren Befriedigung führt.

Dem Vorhaben in einem Stück,
Afrika – Nord/Süd – viel Glück.
Stets ein Pfad und gut' Gelingen
mögen euch komplett nach Kapstadt bringen.

So wie Kamele Wasser saufen,
soll Treibstoff regelmäßig laufen.
Auch Wasser sei Mensch und Gefährt
reichlich vorhanden – da so was nährt.

Es möge durch Saharas Tücken
ohne Sandsturm euch die Reise glücken
und Tuaregs, Tubus – wenn begegnen –
friedvoll die Wege ebnen.

Egal welch Route eingeschlagen
am Äquator – so an schwülen Tagen,
dort, wo Getier hier und da,
ist Sitz der Grenzenmafia.

Bezeichnend sind ihre großen Hände
Ausdruck – Stammesfürsten – Legende
Größen also, die kassieren,
willst du als Reisender passieren.

Sicher ergeben sich noch weitere Fallen
zum Teil ja durch die Presse hallen,
die Frage stellend, auf ihre Weise,
Wert oder nicht? – eine derartige Reise.

Ihr habt entschieden – euch entschlossen,
Risiko gewählt – Planung genossen.
Von Nord bis Süd in einem Stück,
ein Daumendruck, toi, toi, toi – viel Glück!

                                                             MaPa

Vorwort

Unser Ausgangsort ist Buching im Allgäu, wo wir beide leben. Das Ziel ist Kapstadt und das Kap der Guten Hoffnung an der Südspitze Afrikas. Wie lange die Reise dauern wird, ist am Anfang noch offen. Am Ende werden wir 100 Tage unterwegs gewesen sein.

Es waren einmal zwei Ameisen, die wollten nach Australien reisen, doch in Altona auf der Chaussee da taten ihnen die Beine weh und so verzichteten sie weise auf den restlichen Teil der Reise. (J. Ringelnatz)

Donnerstag, 22. Februar 2001

Die letzten Vorbereitungen für die Reise sind abgeschlossen. Alle Kisten sind im Auto verstaut und der Kühlschrank im Haus ist leer. Die letzte Nacht im vertrauten Heim endet um 3 Uhr morgens. Da wir vor Aufregung nicht gut geschlafen haben, freuen wir uns, endlich aufzustehen und loszufahren. Das Haus wird auf unbestimmte Zeit abgesperrt und wir steigen in den Landy. Er ist unser neues Zuhause für die nächsten Monate.

Kurz vor unserer Abreise vor Schloss Neuschwanstein

Pünktlich um 8 Uhr werden wir bei der Firma Rinkert in Pforzheim erwartet. Kleinere Reparaturen am Fahrzeug stehen noch an. Der neu eingebaute Zusatztank an der rechten Seite hat verschiedene Fehler. Zum Ersten funktioniert die Pumpe nicht, außerdem ist die Kraftstoffanzeige ungenau und der neue Zusatztank ist undicht.

Eine Hand voller Wasser, das mir durch die Finger gleitet ist nicht weniger wertvoll als eine Hand voller Diamanten. (E. Cardenal)

Die 6 „Ws"

Warum?

Wie alles angefangen hat.

Viele schöne Sommer sind wir schon in Kapstadt gewesen. Südafrika und die angrenzenden Länder haben wir mit einem klapprigen 4x4 Nissan Sani bereist. Die Zuverlässigkeit des Nissan wurde mit jedem Jahr, das er älter wurde, bedenklicher. Der Gedanke an ein neueres Fahrzeug ließ sich nicht weiter aufschieben.
Uwe träumte immer schon von einem Landrover. Diese Autos sind wegen der hohen Importzölle in Südafrika sehr viel teurer als in Deutschland.
Die Idee, durch den afrikanischen Kontinent zu fahren, spukte uns beiden schon lange im Hinterkopf herum. Afrika bietet sich geradezu an, es mit dem Fahrzeug von Norden nach Süden zu durchqueren. Somit können wir nun zwei Fliegen mit einer Klappe schlagen: Zum einen liegt das große Abenteuer Transafrika vor uns und zum anderen haben wir in Zukunft einen Landrover in Südafrika für unsere Reisen im Süden des Kontinents.
Die endgültige Entscheidung „für" eine Reise dieser Art bedurfte zusätzlich der glücklichen Fügung einiger privater Umstände.
Ob während der Reise alles so gelingt, wie es geplant ist, hängt von den Gegebenheiten vor Ort, an den Grenzen und der politischen Situation in den zu bereisenden Ländern ab.

Denn jeder Tag hat seine eigene Farbe, seine eigenen Menschen, sein eigenes Gesicht. Jeder Mensch ist sein eigenes Land. (Aus Tansania)

Womit?

Uwe hatte voller Optimismus im August den Landrover gekauft. Das gute Stück stand in Baden-Baden und wir sind kurzerhand mit den Rennrädern in zwei Tagesetappen hingefahren, unseren Landy abzuholen. Das war schon mal prima. Irgendwie, dachten wir, kann das alles nur gut werden.
Der Landrover in diesem satten Dunkelgrün ist klassisch schön. Von innen und außen ist er noch sehr spartanisch in der Ausstattung, aber wo nicht viel dran ist, kann auch nicht viel kaputtgehen. Einige Extras jedoch müssen sein. Mit Seilwinde, Bullbar, Zusatzscheinwerfer, hochgelegtem Luftfilter, Dachträger, Dachzelt, Leiter, Zusatztanks, Differenzialsperre, Kompressor,

Zusatzbatterie, Kühlschrank, Kocher, Aluboxen, GPS und Laptop wird die Ausrüstung nahezu komplett.

Wann?

Die Reise soll Ende Februar oder Anfang März beginnen.

Wo entlang?

Zunächst erscheint es wie ein phantastischer Traum. Im Winter, womöglich bei fürchterlich nasskaltem Wetter, loszufahren in Richtung Süden. Dort, wo dann die Temperaturen schon etwas erträglicher werden, durch die Sahara und in den Sahel. Weiter im feuchtheißen Tropengürtel bis in das Tierland Afrikas. Vorbei am Kilimandscharo und durch den dichten Busch. Dann in den trockeneren Bereich der Kalahari und der Wüste Namib. Schließlich folgt die Karoo. Hier werden wir am Ende der Regenzeit die Landschaft des südlichen Afrikas vielleicht von ihrer schönsten Seite erleben. Noch weitere 1000 Kilometer müssen wir nach Süden fahren, um am Kap der Guten Hoffnung einzutreffen.

Wir überlegen, ob wir alleine fahren oder Mitfahrer suchen. Mehrere Anzeigen „Mitfahrer gesucht" in einschlägigen Fachzeitschriften bringen keine Resonanz. Da wir bisher nur wenig Erfahrungen in der Wüste machen konnten, schließen wir zunächst eine Alleinfahrt durch die Sahara aus, obwohl das unsere Traumroute ist. Die einigermaßen sichere Alternative erscheint uns, über Ägypten in den Sudan einzureisen, durch die Libysche Sahara (Ägypten) und dann mehr oder weniger am Nil entlangzufahren. Die Anreise nach Ägypten vielleicht auf dem Landweg über die Türkei, Syrien und Jordanien.

Wer?

Völlig überraschend finden wir dann doch noch Gleichgesinnte. Alle haben im Großen und Ganzen das Gleiche vor und planen unsere Traumroute über Libyen – Sudan – Äthiopien. Das potenzielle Team besteht aus Arend und Claudia mit einem 15 Jahre alten Landrover, Holger, Nadine und Sigrun mit einem IFA Saurier und Rene mit einem Pajero. Besser kann es nicht kommen und die Vorstellung, mit vier Fahrzeugen durch die Sahara zu fahren, gibt uns ein gutes Gefühl. Wir sind für diesen Reiseabschnitt alle aufeinander angewiesen.

Wie?

Es bleibt uns nicht mehr viel Zeit für Vorbereitungen. Im Haus entstehen verschiedene Häufchen mit vermeintlich Nützlichem und dem, was keinesfalls vergessen werden darf. Ideen für das Auto werden ausgeheckt und Visa müssen beschafft werden. Das Ticket für die Fähre wird bestellt. Genaue Maßangaben zur Höhe und Länge unseres Fahrzeugs sind erforderlich. Der 24. Februar 2001, mit Abfahrt der Fähre von Genua, kristallisiert sich als magischer Knoten heraus. Anfang des Jahres findet man im Internet immer häufiger die Information, dass die Libyer keine Touristen mehr einreisen lassen, und wenn doch, dann nur mit Führer und/oder Einladung. Die Informationen werden immer undurchsichtiger.
Die Visa von Algerien, dem Niger und Tschad werden von großer Wichtigkeit sein, falls die Einreise nach Libyen schiefgeht. Das ägyptische Visum kann sich auch von Vorteil erweisen, für den Fall, dass wir nicht von Libyen in den Sudan durchkommen. Also befinden sich auch diese Visa in unseren Pässen. Es häufen sich Informationen von Überfällen in Gegenden, in denen Stämme der Tuaregs leben. Der Kreis schließt sich, aber Rene steigt aus. Arend und Claudia fahren eine Woche im Voraus nach Tunesien. Endlich trifft das Ticket für die Fähre ein. Wir werden uns am 24. Februar mit Holger, Nadine und Sigrun in Genua treffen.

Pforzheim 14 Uhr, bei der Firma Rinkert. Die letzten guten Wünsche für die Reise werden eingesammelt. Der Landy ist nun, so hoffen wir, in Bestform. Ab jetzt ist die Richtung Süden angesagt und unser Abenteuer kommt langsam ins Rollen.
Die Scheibenwischer leisten vortreffliche Arbeit auf dem Weg durch Deutschland über Konstanz in die Schweiz. Es ist schon 20 Uhr, als wir bei unseren Freunden nahe Lichtenstein eintreffen. Diesen Überraschungsbesuch wollten wir eigentlich mit einer Übernachtung verbinden, aber die beiden sind leider nicht da. Es regnet weiter in Strömen. Der Gedanke an eine Nacht im Zelt ist nicht sehr angenehm. Ab Chur geht der Regen endgültig in Schnee über und die Schneehöhen rechts und links der Straße steigen auf dem Weg zum Sankt-Bernhard-Pass kontinuierlich an. Eigentlich wollten wir längst irgendwo auf einem schönen Platz stehen. Jetzt, mit Einbruch der Dunkelheit, ist es ein aussichtsloses Unternehmen, einen passen-

den Stellplatz zu finden. Es soll wohl so sein. Unsere Stimmung sinkt auf den Tagestiefpunkt und die Straße führt immer höher. Schließlich erreichen wir die Passhöhe, die Altschneefelder sind eineinhalb Meter hoch. Unser Auto ist völlig eingeschneit. Dann reißt die Bewölkung auf und ein blasser Mond scheint durch die dahinjagenden Wolkenfetzen. Während der Fahrt vom Pass hinunter ins Tal bläst der warme Wind den pappigen Schnee in Brocken von der Motorhaube. Mein Alptraum, schon in der ersten Nacht im Zelt zu frieren, schmilzt im wahrsten Sinn des Wortes dahin. Bei orkanartigem Föhn, kurz vor Bellinzona, beziehen wir unser Dachzelt. Hoffentlich hält es dem Sturm stand. Eingehüllt in die Schlafsäcke fallen uns die Augen zu und die freien Gedanken wandern in das Reich der Träume.

Afrika, ein Wort, das Bilder von fremdartigen Kulturen und bizarren Landschaften und wilden Tieren heraufbeschwört. Afrika, ein Kontinent, der so vielfältig und gleichzeitig so bedroht und gefährdet ist wie kaum ein anderer. (Unbekanntes Zitat)

Anreise

**Freitag, 23. Februar 2001
Erste Probleme in Italien**

Der Wind hat sich nachts gelegt und wir frühstücken in der Morgensonne. Ein Anruf zu Hause bestätigt, dass es an den Nordalpen immer noch schneit. Wir liegen gut in der Zeit und beschließen über Ascona zu fahren.
Der Ort liegt am Lago Maggiore. Der See ist umrahmt von schneebedeckten Bergen und an seinem Ufer herrscht ein mediterranes Klima. Herrliche Gärten mit hohen Palmen, welche die mondänen Villen umgeben, und gemütliche Lokale laden zum Verweilen ein.

Lago Maggiore bei frühlingshaften Temperaturen

Wir machen eine Rast und sitzen kurzärmelig an der Uferpromenade. An diesem schönen Platz verfliegt die Zeit schnell und wir müssen wieder weiter.
Um die italienischen Autobahngebühren zu sparen, kurven wir über die Landstraße. Schließlich erreichen wir gegen 21 Uhr Serravalle Scrivia, etwa 40 Kilometer vor Genua.

Dann ereilt uns die erste kleine Katastrophe. Das Laptop quittiert seinen Dienst. Wir sind zutiefst besorgt: Wie kommen wir in Afrika ohne Laptop zurecht? Wie sollen wir die Reiseberichte schreiben? Wie die Landkarten herunterladen und die Routen erstellen? Das kann ja noch heiter werden.

Der Levantewind brachte den Mauren des Maghreb den Duft der Wüste und den verschleierten Frauen den Schweiß und die Träume der Männer, welche ins Abenteuer und Unbekannte aufbrachen. (P. Coelho)

Samstag, 24. Februar 2001
Das Fährschiff Carthage

Oh je, diese Nacht war ungemütlich. Wir haben schlecht an einem lauten Platz geschlafen. Vorne die Straße, hinten die Eisenbahn und dazu die Sorge um das Laptop. Da tröstet uns auch ein frisches Baguette am nächsten Morgen nur wenig. Die Nerven sind gespannt und die Fehlersuche geht los.
Sehr bald zeigt sich das Problem. Eine kleine Ursache mit großer Wirkung. Die Zweitbatterie wurde nach den Schweißarbeiten am Tank nicht wieder korrekt angeklemmt. Der Fehler ist schnell behoben und erleichtert fahren wir weiter.
In Genua wird jeder Quadratmeter Boden genutzt. Die Stadt wird von den Bergen regelrecht ans Meer gedrängt und zieht sich 35 Kilometer an der Küste entlang. Nach einigem Umherirren finden wir schließlich die Zufahrt zur Fähre. Wir erledigen im Büro die Formalitäten. Verschiedene Zettel sind auszufüllen und die Polizei versieht sie mit vielen Stempeln.
Das Fährschiff ist noch nicht da. Um 14 Uhr sollte planmäßig damit begonnen werden, die Fähre zu beladen. Für 18 Uhr ist die Abfahrt vorgesehen.
Schließlich trifft die Fähre mit Verspätung um 15 Uhr ein. Bei der „Carthage" handelt es sich um eine tunesische Fähre, der Stolz der Nation. Sie hat die alte Fähre mit dem Namen „Habbib" weitestgehend abgelöst. Wilde Schauergeschichten von den Überfahrten mit der Habbib kursierten lange Zeit unter den Afrikareisenden.
Wir befinden uns auf einem schwimmenden Hotel mit 10 Decks. Davon sind 3 für die Aufnahme der Fahrzeuge vorgesehen.
Unsere Kabine ist mit zwei Betten, einigen kleinen Schränkchen und einem Bad ausgestattet. Wir sind sehr müde, aber die Lautsprecherdurchsagen verhindern, dass wir sofort einschlafen.

Die Leinen der Fähre werden um 19 Uhr losgemacht und die leidigen Formalitäten beginnen. Mit Entsetzen stellt Uwe fest, dass die Fahrzeugpapiere im Landy liegen. An der Rezeption treffen sich einige Passagiere mit demselben Problem. Es besteht die Möglichkeit, am nächsten Tag gegen 10 Uhr auf das Fahrzeugdeck zu kommen. Das beruhigt uns sehr.

Unsere Fähre nach Tunesien

Die Carthage, 1999 gebaut und zugelassen für annähernd 2.500 Menschen, neigt sich gewaltig in dem starken Seegang, bei eisigem Nordwind und hohen Wellen. Durch das ständige Auf und Nieder wird uns schwindlig und schlecht. Wir legen uns in die Kojen, nur so sind diese Wellenberge zu ertragen. Wie sterbenselend sich ein Mensch doch fühlen kann. Einer meiner letzten Gedanken, bevor mich der Schlaf übermannt, ist der Entschluss, nie wieder Schiff zu fahren.

Alles was dir einmal passiert, passiert nie wieder. Was dir aber zweimal passiert, passiert dir auch noch zum dritten Mal. (Arabische Weisheit)

Sonntag, 25. Februar 2001
Einreise in Tunesien

Es ist noch ruhig auf dem Schiff, als gegen 7 Uhr die Polizei und der Zoll ihre Schalter öffnen.
Für eine Handvoll vergesslicher Leute wird um 10 Uhr das Autodeck aufgeschlossen, um die fehlenden Unterlagen zu holen. Das laute anhaltende

Brummen der Maschinen bestimmt die Geräuschkulisse im Bauch des Giganten.
Zurück im fünften Stock steht nun der Zollabfertigung nichts mehr im Weg und die tunesische Landeswährung – Dinar – kann an Bord eingetauscht werden. Wir sind von der gesamten Abwicklung sehr positiv überrascht.
Schon gegen 16.30 Uhr trifft die Carthage in La Goulette ein. Dank der Abfertigung an Bord gestaltet sich das Auschecken rasend schnell und wir sind bereits 10 Minuten später auf dem Weg nach Tunis.
Auf der Autobahn kostet der Liter Diesel 0,46 Euro. Sie führt in Richtung Sousse. An der Zahlstelle für die Straßengebühr treffen wir auf den IFA (ehem. LKW-Marke aus DDR). Die Mannschaft hat noch keinen einzigen Dinar und kann die Gebühr nicht berappen, also lösen wir sie aus. Es ist schon dunkel, als wir am Ortsausgang von Nabeul eintreffen. Hier übernachten wir beim Camping Jasmin.

Manchmal ist es unmöglich, den Strom des Lebens aufzuhalten. (P. Coelho)

1. Kapitel - Tunesien

Fläche: 163.610 km², Einwohner: 9.057.000, Ethnien: Araber 98 %, Berber 1 %, Hauptstadt: Tunis, 1,8 Millionen Einwohner, Währung: 1 US-$ = 1,09 Dinar.

Montag, 26. Februar 2001
Akklimatisieren in Nabeul

Die Nacht ist sehr kalt gewesen. Am nächsten Vormittag verlassen alle anderen Besucher, ob mit Motorrad oder 4x4, den Campingplatz.
Wir gehen spazieren. Die Sonne wärmt uns beim Rundgang in Nabeul. Von dem Ort sind wir angenehm überrascht. Die Händler auf den Märkten sind unaufdringlich und das Lebensmittelangebot reichhaltig. Nabeul ist genau richtig, um sich zu akklimatisieren und wieder an die arabische Mentalität zu gewöhnen.
Tunesien ist ein relativ kleines Land, pflegt aber gute Beziehungen zu Europa und Amerika. Die Phönizier und Römer haben Nord- und Mitteltunesien zahlreiche historische Denkmäler hinterlassen. Von Berbervölkern zeugen die Höhlensiedlungen im Bergland von Matama. Es gibt alte Handelsstraßen, die das Land durchziehen. Nefta ist einer der alten Handelsorte. Hier wurden Waren aus aller Herren Länder umgeschlagen. 1883 wird Tunesien französisches Protektorat und 1956 erhält es seine Unabhängigkeit zurück.
Die Besuche in der Bank und im Internetcafé gestalten sich erfreulich problemlos. Der Tourismus ist, neben Erdöl, Phosphat, Olivenöl, Wein, Obst, Getreide und Erzen, ein wichtiger Wirtschaftszweig des Landes.
Viel zu schnell ist der Tag vorbei. Als die Sonne untergeht, wird es wieder kalt. So verziehen wir uns zeitig in das Dachzelt. Diese Nacht wird noch kälter als die gestrige. Wir schätzen die Temperaturen auf nur noch knapp über der Frostgrenze. Leider haben wir für dieses freundliche Land nicht viel Zeit. Nach Tunesien möchten wir gerne wiederkommen, um das Land und seine Menschen besser kennen zu lernen.

Die Schönheit der Dinge liegt in der Seele dessen, der sie betrachtet. (D. Hume)

Dienstag, 27. Februar 2001
... schnellstens in Richtung Libyen

In Ben Guerdane, wenige Kilometer vor der libyschen Grenze, sollen wir am Abend auf den Rest der Gruppe treffen. Eintönig zieht sich die 500 Kilometer lange Straße an der Küste dahin. Gegen 18 Uhr erreichen wir schließlich Ben Guerdane. Als wir auf das zweite Landroverteam treffen, gibt es ein großes Hallo und gemeinsames Kaffeetrinken. Da wir bisher nur telefoniert haben, gibt es viel zu erzählen.

Interessant war auf den letzten 30 Kilometern die Anzahl der Tankstellen, soweit man diese überhaupt als solche bezeichnen kann. Beinahe überall am Straßenrand werden mit Kraftstoff gefüllte Kanister angeboten. Vermutlich wird der kostbare Treibstoff aus Libyen illegal über die Grenze geschmuggelt und mit einem ordentlichen Aufschlag in Tunesien verkauft. In jedem Fall ein lohnendes Geschäft, kostet doch der Liter Kraftstoff in Libyen nur 0,08 Euro.

Gegen 20 Uhr trifft schließlich der blaue IFA ein. Gemeinsam fahren wir 10 Kilometer in Richtung Djerba, um an einem ruhig gelegenen Platz, nahe am Wasser zu übernachten. Der Wind bläst ungnädig kalt und die dicken Jacken werden herausgekramt. Kaum zu glauben, dass wir in Afrika sind. Nun geht es daran, Neuigkeiten auszutauschen. Die Situation stellt sich so dar, dass Touristen nur noch in Gruppen bis zu sechs Personen und mit einer Einladung nach Libyen einreisen dürfen. Wir sind sieben Personen und haben keine Einladung. Die ist aber schnell selbst gebastelt und sieht sehr gut aus. Uns bleibt zu hoffen, dass die Beamten an der Grenze das auch so sehen. Wir plaudern bis tief in die Nacht bei einem Benzinkanister Weißwein. Die Einfuhr von Alkohol nach Libyen ist verboten und wir wollen doch nicht auffallen. Wir sind sehr angespannt und schlafen unruhig.

Die Knospe der Rose wächst im Dunkel und weiß nichts von der Sonne.
(P. Coelho)

2. Kapitel - Libyen

Fläche: 1.775.500 km², Einwohner: 5.593.000, Ethnien: Araber, Berber, Schwarzafrikaner, Hauptstadt: Tripolis, 1 Million Einwohner, Währung: 1 US-$ = 74 Libysche Dinar (offizieller Schwarzmarkt in Tunesien).

Mittwoch, 28. Februar 2001
Einreise nach Libyen – zwischen Hoffen und Bangen

Beim Frühstück lassen wir uns Zeit und beschäftigen uns mit dem Land, in das wir einreisen wollen. Libyen grenzt im Norden an das Mittelmeer, im Osten an Ägypten, im Südosten an den Sudan, im Süden an Tschad und Niger, im Westen an Algerien und im Nordwesten an Tunesien. Sand-, Kies- und Steinwüsten machen etwa 95 Prozent des Landes aus. Einige dieser Wüstenregionen werden wir erleben.
Im Gegensatz zu vielen anderen Ländern, die wir noch durchfahren werden, zählt Libyen zu den wirtschaftlich stärksten Ländern des afrikanischen Kontinents. Es besteht ein Sozialversicherungssystem, eine kostenlose medizinische Versorgung sowie Witwen-, Waisen- und Altersrenten. Die durchschnittliche Lebenserwartung beträgt 75,9 Jahre. Hauptstütze der Wirtschaft Libyens ist das Erdölgeschäft. Entdeckt wurden die Ölquellen 1958. Mit der Förderung ab 1959 hat sich Libyen zu einem der wichtigsten Erdölexporteure der Welt entwickelt. Landwirtschaft ist nur auf zwei Prozent der Landesfläche möglich. In der Viehzucht dominiert die Schaf-, Ziegen- und Kamelhaltung der Nomaden. In staatlichen Betrieben werden meist Rinder und Geflügel gehalten. Die Herstellung von Baustoffen sowie die Verarbeitung von Nahrungsmitteln sind gut entwickelt. In der Hauptstadt Tripolis haben Kunst und Kultur eine große Bedeutung, was sich zum Beispiel in der großen Zahl der Museen zeigt.
In Tunesien werden am Straßenrand neben billigem Sprit auch libysche Dinar feilgeboten. Ein offizieller Schwarzmarkt. Die Männer haben sich zum Schutz vor dem fliegenden Sand die Gesichter verhüllt. Sie wedeln mit den dicken Geldbündeln und jeder verspricht den besten Wechselkurs.
Nun zum Grenzübertritt nach Libyen. Zusammen sind wir sieben Personen. Da die offizielle Gruppengröße bei sechs Personen liegt, planen wir die Grenze getrennt zu überqueren. Die Spannung ist enorm. Ob alles gut geht? Ein arabisches Sprichwort sagt, wenn dich ein Sandsturm in der Wüste empfängt, dann bringt dir das Glück – und das können wir gebrauchen. Seit dem Morgen ist es grau und dunstig. Ein warmer Wind bläst und der feine

Sand fliegt durch die Luft und dringt wirklich in jede Ritze bei Mensch und Fahrzeug.

Wir werden mit einem Sandsturm empfangen

Das IFA-Team rollt in Richtung Grenze, später sollen die Landrover nachkommen. Wieder warten. Die Zeit zieht sich wie Kaugummi und die Anspannung ist fast unerträglich. Zwei Stunden später fahren wir zur Grenze. Da steht der Laster, alleine war für das IFA-Team kein Durchkommen möglich.
Mit klopfenden Herzen und viel Glück passieren wir schließlich als siebenköpfige Gruppe die Grenze – ohne die Einladung vorweisen zu müssen aber mit dem glaubwürdigen Argument, dass wir Libyen im Transit mit dem Ziel Ägypten durchqueren wollen. Nachdem die Pässe kontrolliert worden sind, folgt der Zwangsumtausch von 70 US-Dollar, dann der Abschluss einer 30 Tage andauernden Fahrzeugversicherung. Daraufhin wird das Carnet kontrolliert und bearbeitet und gegen eine Gebühr werden die libyschen Kennzeichen ausgehändigt. Der Zollbeamte fragt lediglich, ob wir Alkohol mit uns führen, und beachtet ansonsten die Fahrzeuge nicht weiter.
Wir haben es geschafft. Uns fällt ein Stein vom Herzen. Wenn diese Einreise gescheitert wäre, hätten wir den gefährlichen Umweg über Algerien, Niger und Tschad antreten müssen.

Der Sandsturm hält den ganzen Tag an und legt sich erst gegen Abend wieder. Froh und zufrieden errichten wir gegen 21 Uhr in Sabratha, im Garten einer Jugendherberge, unser Lager. Von hier haben wir einen herrlichen Blick auf die Ruinen von Sabratha. Dazu morgen Genaueres.

Theater von Sabratha

Die Geschichte Libyens ist umfassend, deshalb hier nur eine Kurzfassung. Die Phönizier errichteten Kolonien, die im 6. Jahrhundert v. Chr. von den Karthagern erobert werden. Im 1. Jahrhundert v. Chr. wird Libyen römische Besitzung. Diese Zeit endet mit der Eroberung durch die Vandalen 455 n. Chr. Nach einer Rückeroberung durch das Byzantinische Reich im folgenden Jahrhundert gerät die Region 643 unter arabische Herrschaft. Während der folgenden Jahrhunderte wechseln die über Libyen oder Teile des Landes herrschenden Mächte häufig. Im 16. Jahrhundert wird das Land vom Osmanischen Reich erobert. Im 19. Jahrhundert entsteht im Landesinneren eine puritanische Sekte, die Senussi. Der 2. Weltkrieg läuft auf die Unabhängigkeit Libyens 1951 hinaus. Die ersten Wahlen folgen im Februar 1952. Am 1. September 1969 wird die Monarchie gestürzt. Verantwortlich hierfür ist eine Gruppe junger Offiziere, welche die Arabische Republik Libyen ausrufen. Oberst Muammar al-Gaddafi betritt die politische Bühne. Mit ihm spielt Libyen nicht nur in der arabischen Welt eine zunehmend wichtigere Rolle, sondern auch in der internationalen Politik. Im April 1992 werden gegen Libyen UN-Sanktionen verhängt, um die Auslieferung der Attentäter zu erzwingen, die 1988 den Bombenanschlag auf ein amerikanisches Verkehrsflugzeug über dem britischen Ort Lockerbie verübt hatten. Erst im Jahr 2004 folgen Gespräche mit der UN. Gaddafi ist immer noch am politischen Ruder. Er zeigt in zwei wichtigen Bereichen die Bereitschaft, mit der UN zusammenzuarbeiten. Dabei geht es um die Atomwaffenpolitik und um den Kampf gegen den internationalen Terrorismus.

Es ist dunkel geworden und romantisch erleuchtet strahlen die Ruinen von Sabratha in den nächtlichen Himmel. Die ganze Anspannung, die sich vor dem Grenzübertritt angestaut hat, ist wie weggeblasen und wir gehen glücklich schlafen.

Die Angst vor dem Leiden ist oft schlimmer als das Leiden. (P. Coelho)

Donnerstag, 1. März 2001
Wo schon die alten Römer waren

Der Morgen ist kühl, eine Herde Ziegen und Schafe zieht über den Platz. Bis auf das Zwitschern der Vögel ist es sehr ruhig. Die aufgehende Sonne beleuchtet jetzt die aus Sandstein und Marmor erbauten Ruinen von Sabratha. Sie leuchten in einem weichen orangefarbenen Ton zurück.
Das Theater aus römischer Zeit liegt nahe am Meer. Septimus Servus hat das Haus der Spiele der Region geschenkt. Nach dem Frühstück machen wir uns auf den Weg dorthin.
Die warme Mittagssonne versöhnt uns mit den letzten kalten Tagen. Es ist ein Erlebnis, in den verborgenen Gängen und Winkeln des Theaters umherzustreifen. Man bekommt einen guten Eindruck über die komplette Anlage und ein Hauch der einstigen Schönheit ist noch zu spüren.
Am Rückweg kaufen wir noch Baguette. Die Brote sind günstig und sehr gut. Ein gemeinsames Abendessen, an der Seite des blauen Elefanten, wie der IFA von seiner Besatzung liebevoll genannt wird, beschließt unseren Tag. Die Sonne geht unter und es ist schon wieder kalt.

Wenn du in die Wüste eintauchst, höre auf dein Herz, manchmal ist es vom Sonnenaufgang in der Wüste so bewegt, dass du weinst. (P. Coelho)

Freitag, 2. März 2001
Erste Annäherung an die Wüste

Sechshundert Kilometer weiter südlich liegt Ghadames, die wohl schönste Oase in Libyen. Ghadames gehört zum World Heritage und steht somit unter dem Schutz der UNESCO.
Die Fahrzeuge müssen vollgetankt werden. Das macht hier großen Spaß, denn der Liter Diesel kostet in Libyen gerade mal 8 Eurocent. Von Surman auf dem Weg ins Landesinnere zeigen sich die Straßenränder als große Müllhalden. Diese Unsitte, den Abfall öffentlich am Straßenrand außerhalb der Städte und Ortschaften zu entsorgen, ist im ganzen Land verbreitet. Alle Reste, von der Coladose bis zum toten Schaf, werden aus den Dörfern zum Ortsrand gebracht und einfach rechts und links der Straße abgeladen.

Libysche Abfallentsorgung am Ortsrand

Eine intakte Abfallentsorgung gibt es in Libyen noch nicht, von einem Umweltbewusstsein ganz zu schweigen. Das wird sich hoffentlich bald ändern.
Über eine Randstufe erreichen wir den Jabal Nafusah. Der Weg führt uns hinauf nach Yfren. Wie ein großes Vogelnest hängt der Ort wunderschön anzuschauen an den Klippen. Weiter geht es über Nalut und Darj. Die Ve-

getation wird immer spärlicher und wir erreichen die Wüstenlandschaft um Ghadames. Große Dromedar-Herden ziehen auf Futtersuche durch die öde Landschaft. Es ist schon dunkel. 20 Kilometer vor Ghadames gibt es einen See. Mit Hilfe des GPS finden wir den Platz auf den Punkt genau.

Liebe hindert niemals jemanden seine innere Bestimmung zu erfüllen. (P. Coelho)

Samstag, 3. März 2001
Altstadtflair in Ghadames

In der Nacht bricht ein heftiger Sandsturm los. Niemand findet erholsamen Schlaf. Was für eine leidenschaftliche Begrüßung. Wir brechen sehr früh nach Ghadames auf. Dort angekommen parken wir bei der Jugendherberge. Es ist nicht weit zur Altstadt und wir freuen uns darauf, die berühmten Gemäuer zu sehen. Ein verzweigtes Wegenetz verläuft unter den Häusern.

Verwinkelte Gänge in Ghadames

Die schmalen verwinkelten Gänge sind aus Stampflehm erbaut. Eine angenehme Kühle umgibt uns. Zwischendurch führen Treppen hoch zu hellen, offenen Plätzen. Wir wandern weiter in diesem Irrgarten aus Pfaden und

Abzweigungen. Die Dunkelheit wird nur von dem Licht der Taschenlampe durchbrochen. Wir tasten uns um einige Ecken und stehen schließlich vor einer verschlossenen Tür. Vereinzelt wohnen hier noch Menschen und es gibt auch einige Ställe, die mit Tieren belegt sind.
Die Altstadt von Ghadames hat wunderschöne Palmengärten. Der Ort ist ruhig und beschaulich. Es gibt einen schönen Markt mit einer reichen Auswahl an frischem Obst und Gemüse. Neben vielerlei Kunsthandwerk werden handgefertigte Messer angeboten. Wir ergänzen auf dem Markt unsere Vorräte und treffen letzte Vorbereitungen für die erste längere Pistenstrecke.

Die Dünen verändern sich mit dem Wind, aber die Wüste bleibt dieselbe, so ist es auch mit der Liebe. (P. Coelho)

Sonntag, 4. März 2001
Ruhetag vor dem ersten Wüstentrip

Eigentlich sollte es heute früh schon weitergehen, aber ein wichtiges islamisches Fest wird angeblich in den nächsten Tagen gefeiert. Im Vorfeld dazu findet heute Abend auf dem nahen Sportplatz eine Tuareg-Folkloreveranstaltung statt. Das hört sich interessant an und veranlasst uns noch zu bleiben.
Die Tagestemperaturen sind merklich angestiegen und ermattet kommen wir am Nachmittag vom Spaziergang in der Stadt zurück. Die Menschen sind durchweg sehr freundlich und hilfsbereit. Der Abend brachte dann das, was zu befürchten war: Natürlich kein Folklorefest. Von fern sind Trommeln und moderne Musik zu hören, irgendwo ist eine Party im Gange.

Die Hand, welche die Liebe hält, hat für jeden Menschen eine Zwillingsseele bereit, wäre das nicht so, hätten die Träume der Menschen keinen Sinn. (P. Coelho)

Montag, 5. März 2001
Das unbeschreibbare Nichts am Horizont

Morgenstund hat Gold im Mund. Dies trifft nicht ganz zu, aber zumindest die Landschaft ist schön anzusehen im frühen Licht des Tages.

Auf gutem Asphalt gelangen wir zurück bis Darj. Hier schwenken wir in Richtung Süd-Süd-Ost auf die Piste nach Idri. Der Versuch, Brot zu kaufen, bleibt erfolglos – heute ist Feiertag.
Die Landschaft der letzten Stunden zeichnet sich mehr und mehr durch eine Art Nichtvorhandensein aus. Die Augen erblicken eine endlose Weite, wir machen eine Fahrt durch das Nichts. Der Horizont endet in einem sanften Halbrund von rechts nach links und von links nach rechts. Der Blick in die Ferne täuscht uns eine Bergauffahrt vor, aber die Piste führt flach und schnurgerade Kilometer für Kilometer dahin. Kein Busch, kein Grashalm, nichts. Eine unwirtliche Gegend, dunkler zusammengepresster Schotter platziert auf weißem Sand. Reste eines halbverwesten Kamels lassen uns für einen Moment die Fahrt unterbrechen. Meist kann die Piste mit großer Geschwindigkeit befahren werden. Auf halbem Weg nach Idri bleiben wir dann auf der Hochebene des Hamadat al Hamrah stehen. Die leiseste Nacht unserer bisherigen Reise bricht an. Es ist nichts zu hören außer der Stille, und das ist sehr gut.

.... der erste Tag, der zweite Tag ...
dann ist alles o.k., dann bist du selbst die Wüste ... (Mohamed in Ghadames)

Dienstag, 6. März 2001
Erste Panne inmitten einer herrlichen Landschaft

Sonne und Wärme am Morgen, gut gelaunt geht es früh los. Nach kurzer Fahrzeit ist die Abbruchkante erreicht und der etwas tiefer gelegene Polizeiposten.
Weiter geht die Fahrt durch das Tal und wir erfreuen uns am Anblick der weiten Höhenzüge. Die kargen Tamarisken und Akazien zeugen von Niederschlägen die hier irgendwann mal stattgefunden haben. Wir passieren das heilige Grab eines moslemischen Einsiedlers, Marabut genannt und verschiedene verlassene Schafställe. Die ersten Sandpassagen auf unserer Wegstrecke bereiten keine Probleme.
Es ist der Tag der Pannen für das IFA-Team. Erst fährt der IFA konkurrenzlos schnell und jetzt bleibt er plötzlich stehen. Der Motor nimmt kein Gas mehr an. Die Fehlersuche beginnt. Beim Ausbau des Vorfilters zerplatzt das Gehäuse. Aber mit einem Zweikomponentenkleber lässt sich der Riss abdichten. Dann wird der Kraftstofffilter gewechselt und eine Dieselzuleitung ausgetauscht. Der Abend bricht an und wir bleiben an Ort und

Stelle. Die Männer fachsimpeln und schrauben eifrig am IFA. In der Zwischenzeit strömen auch schon leckere Gerüche aus unserer Buschküche.
Ungeplant campieren wir an einem schönen Fleck. Rechts von uns befindet sich ein größerer Berg und eine elegant geschwungene Sanddüne schließt sich daran an. Ein leichter Wind kommt auf. Der Mond hat einen riesigen Hof. Die Männer schrauben bis tief in die Nacht am blauen Laster. Ich liege schon im Zelt und schlafe, als mich Motorengeräusch weckt: Der IFA ist gestartet, er läuft wieder.

Zerbrechlich, ihr Männer, wie Glas ist das Leben. Was auch geschieht, schnell geht es vorbei und in der Wüste dienen die Leichen der Sonne und den wilden Tieren zum Fraß. (Sidi ag Ch., 1902)

Mittwoch, 7. März 2001
Tag der Pannen

Immer noch auf der Piste nach Idri. Zeitig geht es los, aber schon bald steht unser Tross wieder.
Die Kraftstoffleitung am IFA vom Tank bis zur Kraftstoffpumpe wird ausgetauscht, später dann noch so einiges bis dann die undichte Stelle geortet ist. Das Röhrchen im Kraftstofftank könnte gerissen sein. So zieht die Pumpe immer wieder Luft. Nach fünf Unterbrechungen gelangen wir dann ohne einen weiteren Zwischenfall nach Idri. Die Landschaft ist geprägt von schwarzen Schutthalden auf gelbem Sand. Dazu ein strahlend blauer Himmel.

Übernachtung nahe Idri zwischen Sanddünen und Palmen

In einer Oase suchen wir uns einen schönen Übernachtungsplatz. Zwischen Sanddünen und unter Palmen befinden wir uns unweit der Zivilisation und doch mitten in der Sahara. Die Grillen zirpen laut und der Vollmond erleuchtet die Wüste. Sie ist Heimat der blauen Ritter, der Tuareg, ihre Umhänge sind mit Indigo blau gefärbt. Früher beherrschte das stolze Volk die riesige Sahara. Das nomadische Hirtenvolk befand sich mit seinem gesamten Hausrat ständig auf Wanderschaft. Das Gebiet erstreckte sich vom Süden Algeriens und Libyens über die Zentralsahara bis in den Niger, in den Norden Malis und in Teile des Tschads. Die französische Herrschaft und die politischen Grenzen aus dieser Zeit veränderten das Leben dieses Volkes für alle Zeiten.

„Das Land da draußen", so nennen die Tuareg die Wüste Ténéré.

Donnerstag, 8. März 2001
Das Brotwunder

Auf den Dünen der Oase räumen wir das Auto aus, um eine weitere Sitzgelegenheit zu schaffen. Da der IFA noch Probleme macht, fährt Sigrun mit uns zu den Mandaraseen. Davon abgesehen ist die Strecke über die Dünen für den schweren IFA zu strapaziös.
Im Ort wollen wir noch Brot kaufen. Eine längere Schlange steht an. Ich reihe mich ein. Mit großem Erstaunen sehe ich, wie heiße Baguettes in ganzen Lagen direkt in großen Säcken gekauft werden. Langsam aber sicher schwinden unsere Chancen auf frisches Brot. Da kommt ein grauhaariger älterer Mann und winkt mit einem 5-Dinar-Schein über mich hinweg. Das war es dann wohl, es ist fast kein Brot mehr da. Ich halte immer noch meine Hände auf und die Geldscheine in Augenhöhe des Bäckers. Aber das scheint alles umsonst. Dann – was für eine Überraschung – fallen 16 heiße Baguettes in meine Arme. Das ist mehr als genug und ich will bezahlen. Der Bäcker will mein Geld nicht. Er deutet hinter mich und ich verstehe. Der Mann mit dem 5-Dinar-Schein hat mein Brot bereits bezahlt. Er ist wie vom Erdboden verschluckt.
Wir machen uns auf den Weg nach Sebah. Die Asphaltdecke der Straße löst sich an einigen Stellen auf. Die so entstandenen Schlaglöcher erfordern große Aufmerksamkeit. Sebah ist die größte Stadt im Fezzan mit etwa 60.000 Einwohnern. Vor dem nobelsten Hotel des Ortes halten wir. Während wir noch beratschlagen, was wir jetzt tun sollen, hält ein Auto neben uns. Mabruk stellt sich vor. Er hat in Deutschland studiert und war dort auch für mehr als 10 Jahre berufstätig. Er greift uns helfend unter die Arme und organisiert einen Mechaniker für die IFA-Crew. Schließlich lädt er uns

auf seinen Bauernhof außerhalb der Stadt ein. Erst zögern wir, aber schließlich gehen wir auf das freundliche Angebot ein.

Beim Kamele melken bei Mabruk

Der Tag verläuft ruhig und friedlich, mit dem Melken von Kamelen und der Autoreparatur, und am Abend werden wir mit einem gegrillten Hammel verwöhnt. Bereitwillig beantwortet Mabruk unsere vielen, vielen Fragen.

Die Liebe ist eine Kraft, die älter ist als die Menschheit und die Wüste. (P. Coelho)

Freitag, 9. März 2001
Lustiges Landleben bei Mabruk

Am Morgen mischt sich Hühnergegacker und Hundegebell mit Ziegengemecker und Geschirrklappern. Ich öffne leise den Reißverschluss vom Zelt. Da liegt Mabruk auf einer Decke neben seinem Auto auf dem Boden. Er hat eine Pistole in der Hand und schläft tief und fest. Er ist wohl sehr fürsorglich, oder ist es doch eine gefährliche Gegend, in der wir uns befinden?
Es wohnen nur die Arbeiter aus dem Niger im Haus. Der Bauernhof ist ein Prestigeobjekt und nicht alle der 200 Kamele sind zu Hause. Sie sind ein

Hobby von Mabruk. In Tripolis, in seinem Haus, so erzählt er uns, hält er sich zwei Leopardenbabys. Sie werden, wenn sie erwachsen sind, an den Zoologischen Garten von Tripolis gespendet.

Der IFA läuft am Morgen wieder nicht. Wir verabreden uns am Camp beim Einstieg zu den Mandaraseen. In einer kleinen Werkstatt wird unser Luftdruckschlauch repariert, da rollt der IFA wieder an.

Sand und Schuttdünen begleiten uns den ganzen Weg. Ein Ort folgt dem nächsten. Auf allen Häusern befinden sich Parabolspiegel. Die Menschen hier sind mit Satelliten-Fernsehen versorgt. Auch die Müllhalden vor und nach den Wohngebieten gehören zum gängigen Bild.

Kurze Zeit später sind wir schon da. Der blaue Elefant bleibt am Camp zurück und wir tauchen in das Sandmeer des Erg Ubari ein. Es ist einfach phantastisch zu sehen, was die Autos leisten. Mit gesenktem Luftdruck in den Reifen und reichlich Umdrehungszahlen gleiten wir durch die Sanddünen. Hoch, runter, hoch und wieder runter. Die Fahrzeuge sind sehr schwer beladen und werden stark gefordert. Das GPS hat nicht die genauen Informationen bekommen, daher zeigt es uns auch nicht die genaue Richtung an. Aber anhand der vielen Spuren ist es nicht schwer, den Weg zu finden.

Blick auf den Mandarasee

Wir stehen auf der Düne zum Mandarasee. Dieser ist fast ausgetrocknet und es liegt reichlich Müll herum. Nach 3 Kilometern der nächste See, er trägt den Namen Um el Ma. Hier können wir baden. Das Wasser lässt uns oben auf wie einen Korken schwimmen, so salzhaltig ist es. Die Oberfläche, bis zu einer Tiefe von 40 cm, ist kalt, während das Wasser an den Füßen heiß ist wie in einer Badewanne, was sich physikalisch nicht erklären lässt, steigt warmes Wasser doch normalerweise auf. Es wird vermutet, dass der See von heißen Quellen gespeist wird und das Oberflächenwasser durch die Verdunstung auskühlt.

Camp am Um el Ma, „Mutter des Wassers"

Die einheimischen Fremdenführer toben mit ihren Toyotas übermütig durch die Dünen. Sie kommen vorbei und bitten um Wasser. Wild und schön sehen sie aus. Die Turbane haben sie tief in ihre Gesichter gezogen und nur ein schmaler Schlitz für die Augen ist offen.
Mit dem Sonnenuntergang ziehen sie sich zurück und langsam kehrt am Um el Ma Ruhe ein.

„Es macht die Wüste schön", sagte der kleine Prinz, „dass sie irgendwo einen Brunnen birgt." (Antonie de Saint-Exupéry)

Samstag, 10. März 2001
Die Seen im Erg Ubari

Die wenigen Tropfen Regen, die heute Nacht fielen, sind morgens noch im Sand als kleine Krater zu sehen. Die tiefschwarze Bewölkung von gestern Abend löst sich bis zum Ende des Frühstücks auf. Um el Ma, die Mutter des Wassers, so heißt unser wundersamer See hier.
Der Gabronsee und der verlassene Ort Gabron, liegen etwa 25 Dünenkilometer von uns entfernt. Da wollen wir hin. Doch gleich an der ersten Düne fahren wir uns fest. Genau auf dem Kamm der Düne liegt der Landy von der Vorderachse bis zur Hinterachse auf dem Sand. Andere Geländewagen-

fahrer helfen uns beim Schaufeln und schieben das Auto schließlich rückwärts über den Kamm zurück.

Auf dem Dünenkamm hängen geblieben

Um eine Erfahrung reicher stürmen wir die nächste Düne. Im vierten Anlauf gelingt es uns schließlich, die Hürde zu nehmen.
Wir verlassen das Mandaratal, in dem wir alle quer kreuzenden Dünen überfahren, und gelangen so in das Gabrontal, das vis-a-vis liegt. Spärlicher Bewuchs zeigt sich hier und da. Die Hauptrolle spielt hier eine lange Sandrampe, die von Dünen eingerahmt ist. Ihr folgt ein weiteres Dünenwellental. Von den Erscheinungen der Seekrankheit bleiben wir aber verschont. Wir sind überrascht, was die voll beladenen Landrover leisten. Jedes Fahrzeug wiegt mehr als 3 Tonnen.
Wir erreichen das verlassene Gabron und erleben den traurigen Anblick vom Zahn der Zeit zernagter Häuser. Alles ist voller Müll. Nur die Moschee wird noch gepflegt. Sie ist frisch geweißelt und mit einem blauen Gebetsteppich ausgelegt. Hier lebten früher die Daouds, „Wurmesser", die sich von Kleinstlebewesen ernährten. Schließlich verließen sie das Gebiet für ein komfortableres Leben an der Hauptstraße im Fezzantal.
Am See ist ein Camp eingerichtet. Neben einem Restaurant gibt es hier die Möglichkeit zu übernachten. In einem kleinen Kiosk werden zu stolzen Preisen Postkarten und Tuaregschmuck angeboten.
Wir sind die einzigen Gäste und genießen den herrlichen Blick auf den türkisblauen See. Er ist umrahmt von grünen Palmengärten und gelben Dünen,

die sich in den blauen Himmel recken. Wer möchte, kann mit Skiern die Dünen herunterfahren.
Ein angenehmer Wind geht. Er ist aber zu schwach, als dass Uwe hier kiten könnte. Seine Kitesurf-Ausrüstung ist auf unserer Reise durch Afrika mit dabei.
Der Rückweg heizt uns nochmals ein. Nun müssen wir die steilen Dünen hinunterfahren. Beim ersten Mal pocht mein Herz gehörig. Aber dann macht es unglaublich viel Spaß, mit dem Landy von den riesigen Sanddünen hinunterzurutschen. Auf der schon bekannten Anfahrtsstrecke geht es nun zurück. Der Wind hat mittlerweile stark zugenommen und teilweise sind keine Spuren mehr zu sehen. Da zeigt das GPS wieder mal seine Wichtigkeit. Zuverlässig leitet es uns zur Einstiegsrampe.
Zurück am Camp beim Einstieg bereiten wir die Abfahrt vor. Der Luftdruck wird von 0.8 bar auf 3.0 bar erhöht. Ein einsamer Schakal treibt sich in der Zone zwischen Camp und Dünen herum. Wenige Kilometer hinter der Abzweigung nach Murzuq ist ein schöner Platz zum Campieren, nahe einem hohen Berg. Eine windige Vollmondnacht bricht an.

Wir lassen uns gerne in die Wüste schicken, finden wir doch dort das Paradies vor. (Uwe Scharf)

Sonntag, 11. März 2001
Die Gärten von Gaddafi

Die Weiterreise führt uns zügig über Um al Aranaib, Zuwaylah und Timsah nach Mursuq, ein ehemals wichtiger Stützpunkt des Sklavenhandels. Über viele Kilometer zieht sich die Straße durch eine Wüste, in der Kamelfutter angebaut wird. Mit großen Sprinkleranlagen werden die kreisrunden Flächen bewässert. Vom Flugzeug aus betrachtet ist die Gegend mit grünen Kreisen gespickt. Der größte Teil des kostbaren Wassers verdunstet allerdings in der Sonne. Vereinzelt stehen Kamele am Straßenrand. Wir passieren die Grabtürme von es-Sabah, bei Zuwaylah. Die Straße ist geteert, die Gegend flach und öde.
Nach vielen Versuchen ist es mir gelungen, in Timsah eine Telefonverbindung nach Deutschland zu bekommen. Da nun die lange Wüstenstrecke ansteht, melden wir uns für die nächsten zwei Wochen ab. Etwa 2.000 Wüstenkilometer liegen vor uns, über Waw el Kebir, Waw el Namus und al Khufra als Zwischenversorgung bis Dongola.

Die Möglichkeit, einen Traum zu verwirklichen, macht das Leben lebenswert. (Tatsache)

Montag, 12. März 2001
Militär am Wau al Kebir

Nach dem Frühstück folgt eine 25 Kilometer lange Irrfahrt. Wir müssen zurück zum Dorfausgang von Timsah, um uns neu zu orientieren.
Die jetzt eingeschlagene Piste hat es in sich. Unsere Landroverkollegen sanden sich ein. Die Sandbleche kommen zum Einsatz. Fesch-Fesch nennt sich dieser hinterlistige Sand. Absolut niedriger Luftdruck ist jetzt wieder gefragt. Nur so lassen sich diese heimtückischen langen Sandfelder ohne ständigen Gebrauch der Sandbleche befahren.

Mittagspause im Nichts

Gegen 16 Uhr erreichen wir den trostlosen Militärposten von Waw al Kebir. Die Männer sind sehr freundlich. Diesel bekommen wir hier nicht, aber eine Einladung zum Tee. Unterstützt von Händen und Füßen findet eine Unterhaltung statt.
Ein ehemaliges Agrarprojekt in der Nähe gleicht einer Schrotthalde. Lauter ausrangierte Maschinen stehen umher. Die Moschee fehlt natürlich nicht. Ein Container wurde grün angemalt und erhielt ein Türmchen. Das ganze Areal wirkt verlassen. Ein Arbeiter gibt uns die Auskunft, dass der Chef nicht da ist. Wenige bestellte Felder, viele kaputte Leitungen, vertrocknete Randbepflanzungen und halbfertige Bauten. Das knietiefe Wasser des Swimmingpools gleicht dem Inhalt einer Jauchegrube. Alles in allem kein Ort, der uns zum Bleiben einlädt. Gaddafi soll hierher geflüchtet sein, als Libyen von den Amerikanern angegriffen wurde.

Wenige Fahrminuten weiter finden wir in einem Wadi, dass ist ein trockenliegendes Flussbett, einen geschützten Platz, der sich auch für ein Lagerfeuer eignet. Meine Gedanken kreisen um den Waw an Namus, den Mückenkrater, den wir morgen erreichen werden. Er ist eines der Traumziele in Libyen. Aber vor kurzer Zeit hat es dort einen schweren Überfall auf Touristen gegeben. Damals wurden drei Geländewagen mit Waffengewalt gekapert.

Schätze werden vom Strom des Lebens an die Oberfläche getragen, dieselbe Kraft begräbt sie auch. (P. Coelho)

Dienstag, 13. März 2001
Weltwunder Vulkan

Auf einer Wellblechpiste geht es durch eine karge Wüstenlandschaft in Richtung Waw an Namus. Die Rüttelei geht auf das Material und die Stimmung.
Als wir uns dem Vulkankrater nähern, lassen sich die Eindrücke nur schwer einordnen. Die Luft am Horizont flimmert, wir sehen das Meer. Aber eigentlich nehmen wir nur ein tiefes Blau und einen gelben Strand wahr. Dazu kommt es folgendermaßen: Der schwarze Aschenboden rund um den Vulkankegel erhitzt sich so stark, dass die aufsteigende Hitze wie ein Spiegel funktioniert und den Himmel reflektiert. Diese Luftspiegelung, welche das Auge einfängt, ist eine Fata Morgana.
Schließlich erreichen wir den gigantischen Kraterrand und können nach unten sehen. In seinem Inneren strebt ein weiterer Krater hoch. Zwischen innerem und äußerem Krater befindet sich in einer der aridesten Zonen der Sahara Wasser. Mehrere Seen reihen sich aneinander.
Sie sind umgeben von Schilf und Palmen. Der Kraterrand ist hart und die Autos können ohne Weiteres fast 10 Kilometer am Rand entlangfahren. Es bläst ein heftiger Wind und so wird die Navigation in den kommenden Tagen im IFA stattfinden. Morgen wollen wir vor Sonnenaufgang den Kratergipfel besteigen.
Seit dem Überfall ist am Krater ein Militärposten positioniert. Unsere Ausweisdaten werden aufgenommen und wir dürfen hier übernachten.

Die dunkelste Stunde ist die vor Sonnenaufgang. (Tatsache)

Mittwoch, 14. März 2001
Das Vulkanische Herz

Der Vulkan ist schon vor 5.000 Jahren erloschen. Als er zusammen gebrochen ist, hat er ein unterirdisches Wasserreservoir aufgerissen. So sind mehrere Seen entstanden. Durch die unterschiedlichen Tiefen, den Salzgehalt, die Algenpopulation und die Mineralien erscheinen die Seen in den Farben grün, rot und blau.

Waw an Namus, „Mückenkrater"

Die Besteigung des Waw an Namus, der „Mückenkrater", beginnt erst mit dem steilen Abstieg vom äußeren Kraterrand. Auf gut festgetretenen Pfaden, kann der innere Krater bestiegen werden. Die frühen Morgenstunden sind ideal für dieses Unternehmen. Die Temperaturen sind erträglich und im Licht der aufgehenden Sonne ist die vulkanische Landschaft besonders reizvoll anzusehen. Die Mühe für diesen spektakulären Rundblick hat sich gelohnt. Allerdings brodelt und schwefelt es nicht mehr im Herz des Kraters.
Die Sonne steigt hoch und wir steigen hinunter zu den Seen. Der Krater heißt nicht um sonst Mückenkrater. Bisher haben uns die lästigen Biester verschont. Aber jetzt fallen sie in ganzen Geschwadern über uns her. Von dunklen Farben fühlen sich die Mücken, welche eine erstaunliche Größe haben, magnetisch angezogen.
Die Sonne steigt schnell höher. Es wird hier unten im Talkessel sehr schnell unerträglich heiß. Dieses Biotop bietet Lebensraum für eine intakte Tierwelt. Spuren von Wüstenfüchsen überziehen den Boden. Eine bunte Vogelwelt ist hier zu Hause. Unter anderem Bussarde, Enten, Schwalben, Spatzen. Viele Zugvögel nutzen auf ihren Reisen diese Wasserstelle.

Der Aufstieg über den weichen Sand zum äußeren Kraterrand ist kräftezehrend. Kein Lüftchen regt sich und unbarmherzig brennt die Sonne vom strahlend blauen Himmel. Oben angekommen, empfinden wir die kühle Brise am Kraterrand als sehr angenehm.
Ein zweites Frühstück beschließt diesen Aufenthalt am Vulkan und die Reise geht um 12 Uhr weiter in Richtung Tazurbu, einer Oase, in der es vielleicht auch Diesel gibt. Die Piste befindet sich in einem Superzustand und wir schweben durch die Landschaft. In den Queds liegen angehäufte Berge von abgestorbenen Tamarisken. Damit ist die Holzversorgung für das Lagerfeuer am Abend gesichert.
Nach 200 Kilometern halten wir auf einer Sandfläche, umgeben von Kalkfelsen. Hier finden sich Steine in den unterschiedlichsten Formen. Einen besonders flachen nehme ich mit, um eventuell mal Brot zu backen. Wo heute völlige Trockenheit herrscht, befand sich vor etwa 6.000 Jahren ein flaches Meer. Wir stehen also auf Meeresboden. Ich muss mich nur bücken, dann kann ich Muscheln aufheben.

Wir lebten vom Zauber des Sandes, andere werden Erdölquellen darin erbohren und sich mit Handel bereichern. Aber sie kommen alle zu spät. Die verbotenen Palmenwälder, der niemals betretene Muschelsand haben uns ihr Bestes gegeben. Die Sahara hat nur eine heilige Stunde der Erhebung zu verschenken und wir haben sie erlebt.
(Antoine de Saint-Exupéry)

Donnerstag, 15. März 2001
Bäckerei am Lagerfeuer

Der strahlend blaue Himmel ist uns schon zur Gewohnheit geworden und die autobahnähnliche Piste auch. Erst nach vielen Kilometern durch gleichförmige, öde Wüstengegend unterbrechen einige Erdhügel den ewig weiten Blick zum Horizont. Über kleine Schutt- und Geröllhalden erreichen wir die Ausläufer der Dünen des Erg Rebiana. Dank der zügigen Fahrt ist am frühen Abend das Tagessoll bis etwa 30 Kilometer vor Tazurbu erfüllt.
Während dieser Woche in der Wüste haben wir den sparsamsten Umgang mit Wasser geübt. Wir sind zufrieden, mit wie wenig Wasser wir zurechtkommen.
Die Frischvorräte an Brot sind aufgebraucht. Am Lagerfeuer bietet sich die Gelegenheit, Fladenbrot zu backen. Wir genießen diese romantischen Abendstunden am Feuer. Es werden bald Tage kommen, an denen wir auf

offenes Feuer verzichten müssen. Es gibt zwei Möglichkeiten, Fladenbrot zu backen.

Gabi versucht sich als Bäckerin

Die erste, sehr einfach Methode ist die auf dem heißen Stein. Die zweite Möglichkeit ist aufwendiger. Die Glut wird beiseite geschoben und das Brot auf den heißen Sand gelegt. Dann kommt auf das Brot wieder Sand und zum Abschluss wieder die Glut. Der Teig muss fest sein und das flache Brot mindestens fünf Zentimeter dick. Der Sand lässt sich problemlos abklopfen, heißt es. Dies hat aber in unserer Küche nicht so gut geklappt, wir bevorzugen daher die Steinmethode.

Bettler und Könige gingen hier schon und obwohl der Wind dem Sand ständig neue Formen gibt, ist er doch der gleiche geblieben. (P. Coelho)

Freitag, 16. März 2001
Wir werden hinter die Schleier sehen ...

Im Reiseführer ist zu lesen, dass man bei der Anfahrt von Tazurbu mit einer zeitaufwendigen Meldeprozedur rechnen muss. Mit dieser unbehaglichen Erwartung fahren wir in den Ort. Wir hoffen Sprit für uns alle und zusätzlich ein Fass mit 200 Litern Diesel zu bekommen. Dieses nicht gerade bescheidene Ansinnen erspart uns dann den Weg nach Al Kufra, wo die Fragen nach dem Woher, Wohin und Warum sicherlich um vieles unbequemer sein werden als in Tazurbu.

Am frühen Morgen die erste Erfahrung mit den schweren Sandblechen des IFA. Der schlappste Kreislauf kommt so schnell in Schwung. Gleich zum Beginn der Tagesreise hat sich der 9-Tonnen-Laster eingegraben. Mit vereinten Kräften kommt der blaue Elefant wieder in Fahrt.

Am frühen Morgen blechen für den blauen Elefanten

Tazurbu wird durch eine Gegend mit vielen kleinen Dünen hindurch angefahren. Die Tankstelle, welche wir nach den angegebenen Koordinaten aufsuchen, ist trocken. Tazurbu ist eine in fünf oder sechs kleinere Orte unterteilte Oase mit insgesamt etwa 700 Einwohnern. Der sehr beflissene Touristenführer Mussa Suleiman Mohamed begleitet uns sofort zu einer anderen Zapfsäule. Der Tankwart kommt mit seinem Schlüssel und das begehrte Nass füllt unsere Tanks und Kanister. Während die über 800 Liter Diesel auf die Fahrzeuge verteilt werden, organisieren wir auf dem Markt noch Brot und Gemüse. Die Post hat geschlossen, heute ist Freitag, also Sonntag in der arabischen Welt.

Bevor wir auch Wasser tanken, steht der Besuch im „Office" an, um die Meldeformalitäten zu erledigen. Die letzten Touristen waren vor mehr als drei Monaten hier. Schließlich sollen wir mit zu Mussa nach Hause kommen, wo es Tee gibt und er über das Fass nachdenken will. Sehr gespannt sind wir auf das, was nun kommt.

Er führt uns durch abgedunkelte Räume, dann in einen Innenhof und von dort wieder in ein Zimmer. Entlang der Wand sind auf dem Boden Schaumstoffauflagen ausgelegt. Wir dürfen Platz nehmen und genießen das arabische Vormittagsprogramm im Fernsehen. Die Hausfrau ist nicht da, trotz-

dem steht binnen kürzester Zeit ein Gericht aus Nudeln mit Fleisch und heißer Pfefferminztee vor uns auf dem Boden. Auch Löffel werden mit serviert, sodass uns die landesübliche Art, mit der rechten Hand zu essen, erspart bleibt. Voller Stolz zeigt Mussa uns die Schulhefte seiner ältesten Tochter, ein „sehr gut" reiht sich an das nächste. Mickey Mouse lacht uns von den Umschlägen der Hefte entgegen. Also auch hier haben diese Geister Einzug gehalten. Beim Verlassen des Hauses gehen wir abermals durch die dunklen Vorzimmer. Der Großvater sitzt hier im kühlen Halbdunkel. Seine wachen Augen mustern uns, als wir ihm unseren Gruß „Salam alaikum" entbieten. „Alaikum el Salam" kommt der Willkommensgruß zurück. Wir fahren zur Verwandtschaft von Mussa und erleben die echte Großfamilie und eine phantastische Gastfreundschaft. Ein großer Raum, in derselben Schaumstoffausstattung, die uns nun schon bekannt ist, wird uns angewiesen. Dann winkt uns eine Frau, sehr beleibt und mit schnell huschenden Blicken. Sie bringt uns Frauen zu den Frauen des Hauses. In einem kleineren Raum drängen sich 15 Frauen und junge Mädchen, wir treten ein. Rechts am Boden sitzt die älteste Frau auf einem richtigen Lager mit vielen Kissen. Medikamente liegen in der Ecke neben ihr. Viele Falten durchziehen ihr Gesicht, sie erscheint uns uralt. Jede Frau, die den Raum betritt, auch ich, entbietet ihr achtungsvoll den Gruß und Handschlag. Kaffee wird serviert und über das Wörterbuch werden unsere Berufe herausgefunden. Unglaubliches Gekicher erfüllt den Raum und die scheuen Blicke werden immer offener. Berührungsängste kennen die Frauen nicht, sie rücken ganz nahe und die Faszination über meine langen blonden Haare ist erstaunlich. Immer mehr Frauen drängen in den kleinen Raum.
Dann werden wir geholt, denn im großen Gemeinschaftsraum ist das Essen angerichtet. Auf einer großen, runden, silberfarbenen Platte liegen Reis mit Hammel, Tomatensalat, Pommes, Rührerei und eine Gemüsesoße. Alles schmeckt sehr lecker und wird traditionell mit der rechten Hand verspeist. Nur der Hausherr Mussa isst mit uns Europäern. Nach dem Essen gibt es nochmals Kaffee und Tee. Die Frauen kommen auch nach vorne. Sie sind nun etwas weniger scheu und zum Teil möchten Sie ihre Kinder fotografiert haben. Unter viel Gelächter sollen wir für das Gruppenbild als Araberinnen angekleidet werden. Shampoo, Creme, Schminke – natürlich haben sie das alles. Die Frauen und auch die kleinen Mädchen sind sehr gepflegt und geschminkt.
Das Fass, woher auch immer aufgetaucht, wird mit Aspirin bezahlt und wir verstauen es im IFA. Ein aufgeregter Abschied folgt und weiter geht es zur nächsten Familie. Wieder werden wir der ganzen Verwandtschaft vorge-

zeigt. Alles läuft ab wie im Haus zuvor, allerdings befindet sich nun ein neugeborener Säugling im Mittelpunkt des Geschehens. Mit Hilfe des Wörterbuches wollen die Frauen erfahren, wie viele Kinder wir haben und wo die sind. Die Enttäuschung steht ihnen ins Gesicht geschrieben, da nur eine unter uns Mutter ist. Das Gespräch verstummt, kommt aber schnell wieder in Fluss, als wir die Hennabemalung der Frauen bewundern. Schnell sind wir alle in Besitz von Hennapulver, doch gerade rechtzeitig, bevor wir verschönert werden, kommt man uns abholen.

Henna hat nicht nur eine kosmetische Funktion, es soll Krankheiten heilen und böse Geister vertreiben. Es gilt als ein Symbol von Eintracht und Frieden; übersetzt bedeutet es in etwa: „Es schenkt Frieden". Vor der Tür treffen wir wieder auf unsere Männer und wohnen der Begegnung mit dem Falkner bei. Ich darf den Falken halten. Der Vogel wiegt schwer auf meiner Hand.

Gabi und der Falke

Der alte Mann mit dem weisen, vom Wetter gegerbten Gesicht nimmt dem Tier die Maske ab. Schnell streift mich der Falke mit einem wachen Blick, öffnet leicht seinen Schnabel und hebt die Schwingen.

Flechtwerk in Tazurbu

Weiter geht es erst zum Wasserturm, alle Kanister werden mit dem kostbaren Nass aufgefüllt, und dann – eigentlich wollten wir das nicht – zur Polizei. Aber Mussa macht auch das super für uns, und keine Fragen werden gestellt. Flugs geht es zur Tankstelle, wo das Fass aufgetankt wird. Unglaublich erscheint uns das alles. Wir bringen Mussa und seine Familie nach Hause zurück und verlassen den Ort wieder. Es ist mittlerweile 17 Uhr und 15 Kilometer hinter dem Ort findet sich ein schöner Übernachtungsplatz. Der Tag war sehr anstrengend, aber wir sind unserem Ziel ein gutes Stück näher gekommen.

Du musst die Wüste lieben, darfst ihr aber nie vertrauen. Die Wüste bedeutet für jeden eine Prüfung und sie tötet jeden, der sich ablenken lässt und nicht jeden seiner Schritte überlegt. (Weisheit)

Samstag, 17. März 2001
Kollektives Duschbad in der Wüste

Hocherfreut von unserem gestrigen umfassenden Erfolg machen wir uns auf den Weg. Entlang der Piste befindet sich ein Kontrollpunkt. Unangenehme Fragen nach dem Woher und Wohin sind uns da sicher. Deshalb suchen wir einen Weg quer durch die Wüste. Das klappt fürs Erste prima. Aber das Unternehmen hat mehr als eine Überraschung parat. Erst die gute Nachricht oder erst die schlechte? Also, der Reihe nach. Erst treffen wir auf ein betoniertes kreisrundes Etwas mit etwa 2 Metern Durchmesser und einem Deckel. Hat das mit der Wasserpipeline zu tun? Was echt verblüfft: Mitten im Nichts sind einige Verkehrsschilder aufgestellt, was uns zum Flachsen hinreißt, es könnten hier wohl Deutsche mit am Werk gewesen sein. Die nächste Erhebung ist mit Schilf bewachsen. Wir sehen uns den Hügel genauer an. Ein kleines kristallklares Bächlein versickert im Wüstensand und beim Näherkommen ist die sprudelnde Quelle zu hören. Ein gewaltiger Druck im Erdinneren presst das Wasser nach oben. Der Hügel ist nicht hoch. Ich bahne mir einen Weg durch das Dickicht aus messerscharfem Schilf. Oben angekommen finde ich ein Wasserrohr. Eine halbe Umdrehung an dem rostigen aber leicht gängigen Absperrhahn und schon sprudelt das klare Nass aus etwa 3 Meter Höhe auf den Boden. Die artesische Quelle wird als Tankstation für Wasserlaster genutzt. Glücklich und unter viel Lachen und Schwatzen nehmen wir ein kollektives Duschbad, und das mitten in der Wüste. Das Wasser ist angenehm warm, die Sonne scheint, es ist einfach herrlich.

Zurück bei den Fahrzeugen dann die kalte Dusche. Der IFA verliert Öl. Das Problem ist schnell geklärt. Es wurde zuviel Öl eingefüllt und der Überdruckschlauch hat Öl abgesondert. Also ein selbstgebackenes Problem, nicht weiter schlimm. Wir tasten uns weiter durch leicht welliges, gut fahrbares Gelände in sicherer Entfernung an dem Kontrollposten vorbei und erreichen die Teerstraße. Sie ist in einem äußerst schlechten Zustand und dürfte sich eigentlich nicht mehr Straße nennen. Dann nähert sich schnell ein Fahrzeug von hinten. Die Polizei fährt an uns vorbei, wir werden angehalten, befragt, aber alles bleibt freundlich. Keines der Autos wird durchsucht, lediglich ein Pass wird kontrolliert. Natürlich haben sie uns gesehen, als wir so einsam durch die Wüste etwa 15 Kilometer an ihnen vorbeigefahren sind. Alles löst sich freundlich und weiter geht es. Berge erheben sich am Horizont. Nach den letzten Tagen, die fast ausschließlich den ewigen Blick in die Weite der Wüste boten, ein schönes Bild. Durch das weiche Licht der schon tief im Westen stehenden Sonne nahezu wunderschön. Der rege Lastwagenverkehr lässt uns staunen. Große Tankzüge und mit Kamelen beladene LKWs begegnen uns.

Kameltransport aus Al Kufra kommend

Knappe 100 Kilometer vor Al Kufra laufen die Schuttberge wieder in flache Sandebenen aus.
Das Lager für die Nacht schlagen wir hinter einem Hügel auf. Der ist nicht sehr hoch, gibt aber den drei Fahrzeugen ausreichend Deckung. Der Sprit aus dem Fass wird auf die Autos verteilt.
Zwei Fenneks – bezeichnend für sie sind ihre riesigen Lauscher und der buschige Schwanz – schleichen um das Lager. Possierlich und offensichtlich sehr hungrig oder aber tollwütig, wie manche vermuten, wagen die Tiere sich bis auf drei Meter heran. Neben den Fenneks leben hier auch Sandfüchse, Falbkatzen, Gazellen, Wüstenspringmäuse sowie verschiedene Vögel. Um bei unserem Unternehmen die nächsten Tage nicht zu sehr aufzufallen, bedecken wir die Alukisten auf dem Dachträger mit einem dunklen Tuch. Sie glänzen in der Sonne wie Spiegel und das über eine Distanz von vielen Kilometern. Morgen ist ein sehr entscheidender Tag für uns. Sollte unser Plan aus irgendeinem Grund scheitern, würde das einen sehr großen Umweg über Ägypten bedeuten. Wir sind angespannt.

Der Morgen ist klüger als der Abend, wir gehen schlafen. (Arabischer Spruch)

Sonntag, 18. März 2001
Auf den Spuren der Karawane

Am Morgen sehen wir um das ganze Lager herum winzige Spuren. Die Umgebung wurde von den Fenneks gründlich auf Fressbares untersucht.

Der Weg vorbei an Al Kufra ist gesäumt von einigen Autowracks und vielen Überresten von Kamelen, die den Transport auf den Lastwagen nicht überlebt haben. An der Tankstelle am Ortseingang ist, wie wir schon geahnt haben, ohne polizeiliche Genehmigung kein Diesel zubekommen.

Kamelmarkt in Al Kufra

Der riesige Kamelmarkt ist von einer hohen Mauer umgeben. Es ist schwer einzuschätzen, aber mehrere hundert Kamele warten hier auf einen Käufer. Die Busstation der Lastwagen, die in den Sudan fahren, hat uns ein weiteres Mal staunen lassen. Die LKWs warten auf die Abfahrt. Sie sind völlig überladen und überall, wo es möglich ist, wird noch etwas drangehängt.

Transsahara LKW

Oben drauf sitzen die Menschen. Bis zu 30 Personen finden bequem Platz. Ein Orientierungsfehler führt uns in eine Kiesgrube. Auf dem Weg zurück begegnen wir einem Militärjeep. Als wir dann auf dem richtigen Weg sind, gibt der IFA Lichthupe, er zieht wieder mal Luft. Zu allem Übel kommt noch ein Pickup und umkreist uns wie ein Geier. Schnell sprechen wir die Antwort auf die Frage ab, warum wir hier fahren. Das Auto verschwindet ebenso plötzlich wie es aufgetaucht ist.

Immer den Kamelspuren nach und reichlich Luft ablassen

Es geht weiter, durch den Sand folgen wir den Kamelspuren. Eine große Karawane muss die letzten Tage in Al Kufra eingetroffen sein. Die Spur, der wir nun schon viele Kilometer hinterherfahren, ist immer wieder von Gerippen und frischen Kadavern gezeichnet.

Nicht alle Kamele schaffen den langen Treck

Dann taucht eine Staubwolke hinter uns auf. In rasender Fahrt nähern sich uns zwei Autos. Das kann nichts Gutes bedeuten. Dann werden wir eingeholt. Die Männer sind komplett vermummt und mit Maschinengewehren bewaffnet. Ist es das Militär? Dunkel, fast schwarz, blicken ihre Augen, uns wird flau im Magen. Eigentlich dürften wir hier nicht sein, wo wir sind. Ein wenig Palaver und unsere Erklärung wird akzeptiert. Es wird freundlich gewunken auf beiden Seiten und weiter geht es mit klopfendem Herzen. Wieder einmal Glück gehabt.
Die Sonne steigt höher und höher. Von der einen oder anderen Spiegelung des Berges zu unserer linken Seite abgesehen, ist von nun an bis zum Tante Emma Laden nichts Auffälliges mehr am Weg. Das ist kein Witz: Hier,

weit abseits der Zivilisation, kann jeder noch versuchen das einzukaufen, was er meint vergessen zu haben. Aber das Sortiment ist sehr beschränkt. Unser Weg führt über einen steinigen Berghang und eine weite, mit Schiefer bedeckte Ebene. Immer wieder treffen wir auf die Gerippe von verendeten Kamelen. Dann taucht eine große Düne auf, in deren Schutz wir unser Nachtlager aufbauen. Kein Feuer, kein Licht – wir verhalten uns so, als ob wir gar nicht da wären. Am Abend nähern sich wieder die kleinen vierbeinigen Wüstenbewohner, die heute wesentlich scheuer sind als gestern.

Das einzig Wichtige in unserem Leben sind die Spuren von Liebe, die wir hinterlassen, wenn wir weggehen. (A. Sch.)

Montag, 19. März 2001
Auf der Suche nach Karabatum

Gleich nach dem Frühstück ist ein kleiner Dünenzug zu queren. Der Wind hat den Sand fest zusammengepresst und die Dünen lassen sich prima befahren. Der Jebel al-Awaynat kommt in Sichtweite. Zügig sind wir auf einem Gemisch aus Stein, Sand und Schutt unterwegs. Weit links vor uns erstreckt sich eine glatte Landschaft und erlaubt freie Sicht auf 15 Kilometer. In der Ferne steht eine Hütte, Leute kommen heraus, die Autos gleiten über eine Kuppe, die Hütte verschwindet und vor uns wächst ein Gebirge aus dem Sand. Genial sieht das aus, eine weite Sandebene, aber wie heimtückisch. Auf einer großen tiefsandigen Fläche gräbt sich der Landrover ein. Das haben wir mittlerweile schon öfter geübt und schnell sind wir wieder flott. In diesem Abschnitt wollen wir nicht gerne auffallen, denn das wäre sicherlich das Aus für den Grenzübertritt hier. Dann das Ende der Geröllpiste. Über Steine geht es weiter, immer entlang der Dünen des Jebel Archenu.
Wir fahren und fahren, die Sonne zieht schon nach Westen, stimmt eigentlich die Fahrtrichtung noch? Unsicherheit kommt auf und mit ihr Nervosität. Viel kostbare Zeit geht mit der Suche nach dem richtigen Weg verloren. Wir finden einfach den Übergang in das Dünengelände nicht. Zu Fuß erklettern wir eine hohe Düne. Von hier aus schweift der Blick in Richtung Sudan. Irgendwo hinter diesen unzähligen hohen und endlosen Dünenzügen liegt Karabatum. Dort wären wir dann offiziell im Sudan. Aber erst müssen wir den Weg hinter die Dünen des Archenu-Sandmeeres finden. Bis zum Horizont reichen die gelben Wellenberge, die riesigen Sanddünen gleichen der Momentaufnahme eines tobenden Meeres in gelb. Die Sonne brennt

gnadenlos vom wolkenfreien Himmel, das Sandmeer rührt sich nicht von der Stelle, unüberwindbar und geheimnisvoll. Lange könnten wir hier noch sitzen und die Landschaft betrachten, aber wir müssen weiter.

Lagebesprechung. Wo geht es lang?

Kostbarer Sprit wird verfahren und wir kommen doch nicht in die gewünschte Richtung. Zwei Fahrzeuge fahren sich gleichzeitig in einer Weichsandstelle fest und nur mit Hilfe von Sandblechen kommen sie wieder in Fahrt. Gnadenlos brennt die Sonne vom Himmel und die Nerven werden dünn. So ist kein Weiterkommen mehr möglich. Wenn wir auch nicht wissen, ob der Platz sicher ist, beschließen wir dennoch hinter einer Düne zu lagern. In Ruhe können wir nun die Lage peilen und die Route für den morgigen Tag ausarbeiten. Wir verhalten uns ganz leise, um ja kein Aufsehen zu erregen.

Karabatum klingt wie ein Märchen aus „Tausendundeine Nacht" in unseren Ohren.

3. Kapitel - Sudan

Fläche: 2.505.813 km², Einwohner: 41 Millionen, Ethnien: Araber, Nubier, Dinka, Nuer, Shilluk, Nuba u. a., Hauptstadt: Khartum, 7,8 Millionen Einwohner, Währung: 1 US-$ = 240 Sudanesische Dinar.

Dienstag, 20. März 2001
Auf Schmugglerpfaden

Wir brechen früh auf und biegen zügig um die erste Düne. Ihrem Verlauf folgen wir 20 Kilometer und sind sehr zufrieden, als wir entdecken, dass sich unsere ausgeknobelte Route plötzlich mit bereits vorhandenen LKW-Spuren deckt. Rechts und links von uns liegen Dünen und wir kommen schnell voran. Die IFA-Besatzung meldet ein Reifenproblem, ein langer Riss zeigt sich in der Außenwand. Den Vormittag verbringen wir damit, wieder und wieder Stellen mit tiefem Sand zu durchfahren. Da ist jeder mal dran, Bleche zu schleppen und Sand wegzuschaufeln. Das fortwährende Wechselspiel des Luftablassens und Luftnachfüllens ist nötig, um einerseits das Auto möglichst geländegängig im Sand zu haben, andererseits aber die Reifen auf Steinen zu schonen. Uns liegt immer noch viel daran, keinesfalls aufzufallen.

Überladener LKW mit Besatzung

Der Jebel al-Awaynat liegt im Dunst etwa 100 Kilometer hinter uns und die Grenze zum Sudan etwa 60 Kilometer vor uns. Allerdings befindet sich

noch ein Dünenzug dazwischen. Diesen können wir aber gut umfahren, indem wir einfach der LKW-Spur folgen. Etwas mulmig ist uns schon auf diesen Pfaden. Wir glauben es fast geschafft zu haben und sanden uns doch noch mal tüchtig ein.
Hinter der nächsten Düne steht vor uns einer dieser über und über beladenen Laster, die in den Sudan fahren.

Mit leicht erhöhten Luftdruck nach Karabatum

Wir halten und sind erleichtert: Freundliches Winken kommt von der anderen Seite. Neugierige Blicke tasten uns ab, der Luftdruck muss wieder hoch und das dauert. Wir werden bestaunt und fotografiert. Um 15 Uhr überfahren wir die Grenze zum Sudan, östliche Länge 25.00 Grad, nördliche Breite 21.01 Grad.

Länge: 25.00 Grad Ost, Breite: 21.01 Grad Nord, libysch-sudanesische Grenze

Erleichtert, aber nicht wirklich entspannt. Es gibt Erzählungen von Leuten, die aus dem Sudan von einer libyschen Patrouille zurückgeholt wurden. Es bleibt also spannend bis Karabatum. Das Gelände ist sehr schwierig zu befahren. Es geht langsam voran und ich erinnere mich an einen Abend daheim auf dem Sofa. Da las sich die Stelle im Reiseführer, welche diese Wegführung beschreibt, etwa so: „Es erwartet sie viel Weichsand, tief ausgefahrene LKW-Spuren, Spritverbrauch bis zu 40 Litern und nur wirklichen Wüstenfüchsen empfohlen." Irgendwie dachte ich, es wird schon gehen, und es geht auch. Das Auto wird extrem stark beansprucht, da es mit hohen Drehzahlen durch den tiefen Sand pflügt. Der Sand ist so weich, dass er wie ein Keil hinter den Reifen zusammenfällt. Noch eine weitere Stunde, in der es nur mühsam im tiefen Sand vorangeht. Dann verstecken wir uns für die Nacht hinter dem einzigen Hügel weit und breit.

... glücklich, aber zu klein, die Welt zu umarmen (P. Coelho)

Mittwoch, 21. März 2001
„Happy Welcome in Sudan"

Am Vormittag fahren wir über eine lange sandige Regebene nach Karabatum mit dem vertrauten flauen Gefühl im Bauch und in gespannter Erwartung, wie es uns denn wohl bei der Polizei ergehen wird. Karabatum, ein Wort, das sich anhört wie ein Name aus „Tausendundeine Nacht", ist in Wirklichkeit leider nur eine kleine Polizeistation mitten im Nirgendwo. Seine einzige Aufgabe besteht darin, die aus allen Himmelsrichtungen ankommenden LKWs, ob sie aus Libyen kommen oder nach Libyen fahren, abzufertigen. Empfangen werden wir von zwei Bewaffneten in T-Shirts und Hosen. Der Turban ist so weit ins Gesicht gezogen, das nur noch schmale Sehschlitze für die tiefschwarzen Augen bleiben.
Die Durchfahrt wird uns erlaubt und mit einer ausladenden Geste werden wir ins „Office" gebeten. Hier bekommen wir eine kalte Cola und hören wieder und wieder „Happy welcome in Sudan!", also „Herzlich willkommen im Sudan!". Es bleibt nicht nur bei dieser Floskel. Das Englisch ist gut und der Wortschatz umfassend und so kommt eine angeregte Unterhaltung zustande. Wir atmen erleichtert auf. Die letzten Touristen sind hier vor zwei Monaten durchgefahren.
Die Menschen freuen sich uns zu sehen. Also erfahren wir eine besondere Behandlung. Erst werden die Pässe geprüft, abgeschrieben und abgestempelt. Wir erhalten ein Papier, das wir später in Dongola beim Zoll und der Polizei vorlegen müssen.

Dann folgt ein abschließender Sicherheitscheck. Dabei handelt es sich um einen Gang um die Fahrzeuge. Oft haben wir schon von Schikanen an Grenzstationen gehört. Wir können bisher nur das Gegenteil behaupten. Es dauert einfach alles lange, weil unglaublich viel geratscht wird. Zeit und Ruhe sollte ein Reisender grundsätzlich mitbringen, ebenso Verständnis und Begeisterung dafür, dass die Bewohner des Reiselandes ihrerseits auch Interesse am Reisenden haben.

Der Sicherheitsoffizier lädt uns Europäer zum Essen ein. Es gibt eine weiße Bohnensoße mit Tomaten, süßes Brot und Vanillepudding zum Nachtisch. Netterweise werden uns, weil wir Europäer sind, auch Löffel dazugereicht. Der stolze Kapitän trägt drei Sterne auf der Schulter und ist für ein Jahr an diesen Posten kommandiert. Er erzählt bereitwillig aus seinem Leben. Der Vater von zwei Kindern war längere Zeit im Südsudan im Krieg, aber hier in Karabatum hat er es ruhiger. Er sagt, die einzige echte Abwechslung bedeuten die weißen Touristen, die ab und an hier vorbeikommen.

Mit Staunen vernehmen wir den Ruf des Muezzin und entdecken auch die Moschee.

Außerhalb des eingezäunten Geländes warten Reisende auf den Bus und die LKWs, die nach Libyen fahren.

Unsere Wasserkanister betanken wir aus einem 300 Meter tiefen Brunnen – kristallklar, kühl und kostenfrei. Für die übrigen Libyschen Dinar, die wir loswerden wollen bekommen wir Diesel. Das war nicht unbedingt ein Schnäppchen. Gegen 17 Uhr verlassen wir schließlich den Polizeiposten, um ein Nachtlager zu suchen.

Die Wüste besitzt kein bleibendes Gesicht, sie ist ein sich bewegender Ozean aus Sand. (P. Coelho)

Donnerstag, 22. März 2001
Ein Chevi in der Wüste

Der Sudan nimmt 8,3 Prozent Afrikas in Anspruch und ist somit das größte Land dieses Kontinents. Neun angrenzende Länder und das Rote Meer umrahmen das Land, durch das der längste Fluss der Welt fließt. 115 Sprachen werden von 597 Volksstämmen, die in drei ethnische Gruppen unterteilt sind, gesprochen. Der Norden ist muslimisch geprägt, der Süden christlich-animistisch. Da lagert reichlich Konfliktpotenzial. Die Lebenserwartung der Menschen liegt bei 58 Jahren und bei acht Jahren Schulpflicht können fast 80 Prozent der Bevölkerung lesen und schreiben. Die Folgen des Bürgerkrieges sind massiv. Der Süden hungert, ein Ende ist nicht abzusehen. Die kriegerischen Problemzonen betreffen unsere Reiseroute nicht.

Wir brechen auf, einige Lastwagen begegnen uns, tief vermummt sitzen die Menschen auf den Ladeflächen, Ziegen und Schafe sind mit dabei. Heute ist kein angenehmes Reisewetter. Ein scharfer Wind bläst, heiß brennen die Sandkörner im Gesicht und in den Augen.

Die „Lorries", mal mehr, mal weniger beladen

Zigarettenpause gefällig

Trotzdem sind die Menschen freundlich und lassen sich bereitwillig fotografieren. Außen, am Türholm des Lastwagens, hängt der rohe Hinterlauf einer Ziege, wohl der Rest vom Abendessen. Reichlich Brennholz ist hinten festgebunden und viele Säcke und Tonnen diversen Inhaltes beladen das Gefährt. Wir sind erstaunt, wie viele „Lorries", so werden sie hier genannt, uns im Laufe des Vormittages noch begegnen.

Über einen Gebirgsstock mit groben Steinen geht es langsam weiter. Ein totes, bereits mumifiziertes Rind liegt am Weg. Der Weg lässt sich bald wieder schneller befahren und eines der wenigen Hinweisschilder, geschmückt mit einem Ziegenkopf, steht an der Piste. Warum auch immer, überall wo geschlachtet wurde, sind dekorativ die Köpfe aufgestellt und als Fetisch mit allem Möglichen geschmückt. So auch in dem aufgestellten Autowrack.

Von Ferne ist gar nicht klar, was sich da aus dem Sand erhebt. An einen Baum denke ich in dieser lebensfeindlichen Gegend nicht mehr. Jemand hat sich die Mühe gemacht, in der Wüste ein Auto, genau genommen einen Chevi, hochkant als Wegweiser in den Sand einzugraben.

Am Chevi

Wir sind nun wieder mitten in der Wüste. Rundherum nur Sand und blauer Himmel. Mitten auf dem Plateau des Jebel Abyad ist alles in gleißendes Licht getaucht und immer noch begleitet uns ein beißender Wind. Kilometer um Kilometer, Stunde um Stunde fahren wir weiter. Die Augen ermüden

immer mehr und die Piste lässt sich nur mit großer Aufmerksamkeit befahren.
Als wir den Höhenzug erreichen, der vor geraumer Zeit am Horizont aufgetaucht ist, einigen wir uns schnell: Ein guter Platz für die Nacht. Ein kleiner, kecker Vogel taucht auf, der keinerlei Scheu zeigt. Ein so kleines Lebewesen in dieser unwirtlichen Gegend. Eines der ersten Lebenszeichen!
Wir nähern uns Dongola. Dieser Ort liegt am Nil, der sich als eine schmale grüne Oase durch das Land schlängelt. Wir sind sehr gespannt darauf, was diese Stadt alles für uns bereithält.
Der Sudan hat eine bewegte Geschichte. Der nördliche Teil war ursprünglich ein Teil von Nubien, um 1570 v. Chr. wird das Gebiet von ägyptischen Pharaonen erobert. Im 9. Jahrhundert v. Chr. etabliert sich das Reich Kusch. Das Christentum kommt im 6. Jahrhundert n. Chr. in den Sudan. Es hält sich in zwei Gebieten bis in das 14. bzw. 16. Jahrhundert. Dann werden die beiden Reiche islamisiert. Im 16. Jahrhundert bildet sich das Reich Sennar, das 1821 von Ägypten erobert wird. Die Ägypter müssen lange Jahre mit den Briten kooperieren. 1881 ruft Mohammed Ahmed ibn Abd Allah den Heiligen Krieg aus. Er kann im November 1883 die ägyptische Armee besiegen und im Januar 1885 Khartum einnehmen.
Die Briten lassen aber auch nicht locker. Erst am 19. Januar 1899 unterzeichnen Großbritannien und Ägypten ein Abkommen, das den Sudan formal zur britischen Kolonie macht. Am 1. Januar 1956 wird der Sudan unabhängig. Die fortlaufende politische Geschichte ist wechselhaft und durch die Bürgerkriege im Süden bis heute geprägt. Im Dezember 2001 wird der seit 1999 herrschende Ausnahmezustand für ein weiteres Jahr verlängert.

Die fünf wichtigsten Gebote des Islam:
Nur ein Gott, fasten, Almosen geben, fünfmal täglich beten, der Hadsch. (Wallfahrt nach Mekka)

Heute sind wir vier Wochen unterwegs.

Freitag, 23. März 2001
Faszinierende Wüstenlandschaft

Es scheint schon wieder lange her zu sein, dass wir inmitten von Sanddünen Karabatum entgegenfieberten und uns während vieler einsamer Kilometer in der Wüste darauf freuten, wieder Menschen zu sehen. Jetzt hat uns die Wüste bereits wieder, von den 650 Kilometern bis Dongola haben wir gestern 200 zurückgelegt. Steine und Sand erschweren zusammen mit tief ausgefahrenen Spurrillen das Vorwärtskommen. Bald aber geht es flott weiter und wir treffen auf ein Schild, das mit einem sehr ausgefallenen Ziegenkopffetisch mit Schnuller verziert wurde und uns die Information gibt, dass es noch 400 Kilometer bis Dongola sind. Vereinzelt sind vertrocknete Grasbüschel zu sehen und einige gedrungene Kameldornbüsche werfen kleine Schatten. Ein beständiger warmer Wind bläst und eine kräftige Windhose fegt uns Sand in das Auto.

Langsam fahren wir über eine Fläche mit Kalkschieferplatten, von Ferne schimmert uns etwas Grünes entgegen, vielleicht Gras? Nein, es sind kupfer- und sulphathaltige Erdschichten, die sich wie Adern durch das Gelände ziehen. Ein günstiger Moment, um nachzuforschen, was es im Sudan noch alles gibt.

Hauptanbauprodukt in der Landwirtschaft ist Baumwolle, daneben werden auch noch Hirse, Weizen, Reis, Sesam, Maniok und Zuckerrohr angebaut. Entlang der Flüsse und an der Küste gibt es Fischerei. Kleine Mengen Chrom, Mangan, Glimmer, Gold und Salz werden abgebaut. In erst geringem Umfang wird auch Öl gefördert.

Etwas Hohes zeichnet sich in der Ferne ab. Wir sehen allerdings keine Bohrtürme, sondern einzelne Dünen, die vor uns auftauchen. Weitere zeichnen sich am Horizont ab. Bis dahin flaches, eintöniges Land so weit das Auge reicht und immer wieder tiefe sandige Stellen. Eine bleierne Müdigkeit macht sich bemerkbar. Das ein oder andere Mal müssen wir wieder die Sandbleche legen. Es ist langsam schon Routine, aber bei diesen Temperaturen eine schweißtreibende Angelegenheit. Der Dünenzug, welcher vor Stunden am Horizont zu sehen war, ist endlich erreicht. Geschmeidig gleiten wir an den Flanken der Dünen entlang und finden einen schönen Platz für die Nacht. Dann geht auch schon die Sonne unter, die Dämmerung dauert nur noch kurz hier in diesen Breiten. Heute ist uns wieder einmal niemand begegnet.

„Was ist Liebe?", fragte die Wüste: „Wenn der Falke über deinen Sand fliegt, denn du bist für ihn ein fruchtbares Feld." (P. Coelho)

Samstag, 24. März 2001
Versteinerte Bäume

Noch 160 Kilometer bis Dongola. Der Morgen ist erstmals nicht kalt und der gelbe Sand, durchzogen von schwarzen Steinen, gibt einen hübschen Kontrast zum stahlblauen Himmel.

Noch 160 Kilometer Wüste bis zum Nil

Die Landschaft verändert sich mit jedem Kilometer, der zurückgelegt wird. Hügel, ja richtige Berge erheben sich, wir durchqueren ein Wadi, in dem einige blühende Akazienbüsche stehen. Wenn hier Wasser fließt, dann auf einer stolzen Breite von 100 Metern. Der Sand ist heimtückisch weich, aber mit wenig Luft in den Reifen kein Problem. Einzelne Fächerpalmen und ein kleines Gebäude sind zu sehen. Vielleicht gibt es hier Wasser? Also steuern wir drauf zu und halten. Aufgrund frischen Ziegenkots vermuten wir die Zivilisation nicht mehr weit. In dem verfallenen Wohnraum stehen die Überreste eines Bettes, zum Teil ist das Dach eingebrochen, Sand wurde hereingeweht und kleine Dünen haben sich gebildet. Das Haus ist schon länger verlassen. Schnelle Wanderdünen, welche die alten, gerade noch sichtbaren Fahrspuren schon wieder überdecken, begraben auch Akazien und Palmen. Eine schäferhundhohe Düne wandert bis zu 12 Meter am Tag. Größere Dünen bringen es immerhin auf zwei Meter in 24 Stunden. Voraussetzung dafür ist aber ein starker und stetiger Wind. Bei bis zu 33 Prozent Neigung ist der Sand stabil, wird es steiler, rutscht der Sand ab. Ein einsamer Rabe schwingt sich vor uns auf. Bei einem Holzhaufen, der allerdings versteinert ist, machen wir kurz Pause. Vor vielen tausend Jahren waren hier Wälder. Klimatische Veränderungen sorgten dafür, dass Wüste entstand und die im Sand eingeschlossenen Bäume haben tausende von Jahren überdauert. Die Kieselsäure im Sand und der Luftabschluss ließen die Bäume versteinern. Maserung und Astlöcher sind sehr gut zu sehen, und das Holz wiegt schwer wie ein Stein in der Hand.

Wenige Kilometer weiter hebt sich ein grüner Schimmer aus dem Sand. Als ob die Bewohner eben erst gegangen wären und gleich wieder kämen, so präsentiert sich eine Oase etwa 40 Kilometer vor Dongola. Alles ist in gutem Zustand, Dächer und Zäune größtenteils intakt, aber die Brunnen sind völlig mit Sand zugeweht.

Die Landschaft bleibt weiterhin kontrastreich. Gelber Sand, der gespickt ist mit schwarzen Hügeln. Am Ende eines Vleis kann der Blick wieder in die Weite schweifen. Noch 20 Kilometer bis Dongola. Eine bis zum Horizont reichende Regebene liegt vor uns. Wir verbringen die Nacht neben der Piste, da es für die Formalitäten bei der Polizei heute zu spät ist. Der Abend endet am Lagerfeuer und in warmen Jacken, denn es weht ein kühler Wind.

Die Wüste ist wie eine launische Frau und kann den Menschen in den Wahnsinn treiben. (Unbekanntes Zitat)

Sonntag, 25. März 2001
Mühsame offizielle Einreise und Nachtleben in Dongola

Heute erfolgt die offizielle Einreise in den Sudan. Wir sind schon sehr gespannt, ob das auch so glatt geht wie bisher. In einem Rutsch sind wir, nach Tagen in der Wüste, wieder in der Zivilisation. Der erste Weg führt uns zum Zoll in Dongola. Ein großzügig eingezäunter Bereich und ein kleines düsteres Büro. Einige Männer in grünen Uniformen und einer in einem Djellabah Gewand. Mit ein paar arabischen Worten und zustimmend nickend sammelt er unsere Pässe ein und verschwindet. Wie sonderbar! Nur ungern geben wir die Pässe aus der Hand. Unsere Männer folgen in das kleine Büro und sind wenige Minuten später zurück. Der Zoll soll 40 US-Dollar pro Nase kosten. So eine Überraschung, mit 12 US-Dollar hatten wir gerechnet. Es entsteht ein sehr emotionaler Wortaustausch mit den Beamten. Bald wird klar: Die 12 US-Dollar kostet der Zoll offiziell, der Rest ist für die Hilfe des in weiß gekleideten Herrn. So geht es aber nicht! Hilfe ist gut und wichtig, um die arabische Sprachbarriere zu meistern, aber dann sollte vorher ein Preis ausgehandelt werden. Der wäre von uns in dieser Höhe nicht akzeptiert worden, denn dieser Handlangerdienst ist viel zu teuer. Niemand will hier Englisch verstehen, aber wir geben nicht nach. Das Volk um uns herum beobachtet mit großen Augen die ganze Aufregung. Wie durch ein Wunder verstehen dann die Herren in Grün plötzlich Englisch und der Helfer geht. Gott sei Dank ohne unsere Papiere. Die Beamten verschwinden im Büro, wir warten und warten. Die Diensthabenden überle-

gen wohl weiter, wie sie doch noch an ein paar zusätzliche Dollars von uns kommen. Geduld ist angesagt und einige Zeit vergeht, bis das Kommando wieder zurück ins Büro kommt. Der Disput geht tatsächlich weiter. Ein regelrechter Kuhhandel entsteht und die Einigung läuft darauf hinaus, dass wir in Sudanesischen Dinar zahlen. Welche Vorteile sich für die Beamten dadurch ergeben, ist unklar. Aber niemand von uns hat auch nur einen Sudanesischen Dinar und so geht es zuerst zur Bank. Dahin werden wir von einem der Herren in Grün begleitet. Mit breitem, strahlendem Lächeln sitzt er vorne im IFA auf dem Beifahrersitz und lotst uns durch die Stadt. Der Geldwechsel geht schnell und einfach vonstatten, ebenso der Erwerb von Briefmarken auf der Post. Nun wird in Dinar der offizielle Zoll von 12 US-Dollar bezahlt und die Hürde ist genommen. Doch als wir zum Ausgang fahren, kommt der Mann im weißen Djellabah zurück. Abermals führt man uns in das kleine Büro, aber wir bleiben dabei, es gibt nichts zu der bereits bezahlten Summe dazu. Die Polizei ist die nächste Station, viel Palaver und viel Papier. Hier fällt ein stattlicher Betrag von 5.000 Dinar pro Person für die Registrierung und die Straßengebühr an.
Endlich im führenden, teuersten Hotel des Ortes, Hotel Olla, angekommen, erklärt uns der Hotelier, wir müssten noch zur Sicherheitspolizei. Dies ist angeblich wichtiger als alles andere. Noch mal ziehen wir also los und erledigen auch dieses Papier. Erst am späten Nachmittag ist die offizielle Einreise in den Sudan abgeschlossen.
Unser Zelt ist in bester Ordnung, aber heute schlafen wir im Hotel. Ein großer Teil unserer Truppe ist, nach den vielen Wüstentagen, regelrecht ausgehungert nach Leben und Trubel. Ob sich das Nachtleben von Dongola dafür eignet, diesen Hunger zu stillen, wird sich zeigen.
Die Zimmer sind alle gleich teuer mit 5 US-Dollar pro Person, aber die Ausstattung ist sehr unterschiedlich. Ein Zimmer hat zum Beispiel gar keine Fenster und eine kaputte Toilette mit einer nicht schließenden Tür. Da hilft nur eine Münze werfen – freiwillig will keiner in dieses schreckliche Loch. Uwe und ich ziehen das schlechte Los. Es ist stickig im Zimmer und ich freue mich darüber, dass der große Ventilator an der Decke funktioniert. Allerdings beeinflusst er die Situation für unsere Geruchsnerven nicht gerade positiv, da sich die Tür zur Toilette nicht schließen lässt. Die Idee, einfach die Eingangstür offenzulassen, verwerfen wir sofort, weil es im Vorhof nur so von Mücken wimmelt, schließlich sind wir ja am Nil. Mit Grauen denke ich an die Nacht. Auf dem Nachttisch kleben verschiedene Essens- und Getränkereste von Mahlzeiten unserer Vormieter, unzählige Mücken umkreisen die spärliche Beleuchtung an der hohen Decke. Aber

gut, im günstigsten Fall ist das Nachtleben von Dongola so aufregend, dass die ganze Nacht gefeiert wird und erst das Frühstück uns wieder hierher lockt.

Um 18 Uhr ist Abmarsch. Mike, der Hotelier, begleitet Uwe und mich bis zum internationalen Telefon. Die Verbindung nach Deutschland klappt auf Anhieb und die Minute kostet 2,50 Euro. Um 20 Uhr will sich unsere Gruppe wieder beim Hotel treffen. Die Dämmerung bricht an und überall werden Dieselaggregate angeworfen. Die Stromversorgung ist nicht in jedem Haus gegeben. Wer keinen Aggregatanschluss hat, stellt sich Kerzen in den Verkaufsraum oder schließt den Laden gleich. So ist es nur in der Hauptstraße halbwegs hell und wenn eines der bunten, mit Strahlern und Lichtern aufgemotzten Toyota-Taxis vorbeifährt, verhüllt sich alles schemenhaft in einer diffusen Staubwolke. Männer in wallenden Gewändern sitzen seitlich in den Buden und trinken Tee, Frauen sind nicht zu sehen. Egal wohin sich mein Blick richtet, meistens trifft er auf ein neugieriges und sympathisches Augenpaar. In einem Café bestellen wir Tee. Er wird mit viel Milch und Zucker in einem kleinen Glas serviert. Dieses Getränk haben fast alle Menschen hier in der Hand.

Wir schlendern zurück zum Hotel, um dann gemeinsam mit den anderen wieder aufzubrechen. Es gibt an jeder Ecke Bohneneintopf, hier „Ful" genannt, mit Brot. Gemeinsam essen wir aus einer großen Schüssel, die in der Mitte des Tisches steht. Ein schönes Erlebnis am Ende unserer ersten gemeinsamen Etappe. Morgen wird sich unsere Gruppe für einige Zeit trennen. Beim IFA-Team steht ein Besatzungswechsel in Khartum an, und wir haben etwas mehr Zeit am Nil entlangzufahren. So nach und nach werden im Ort die Bürgersteige hochgeklappt, immer mehr Aggregate verstummen und die dazugehörenden Lichter verlöschen. Das Nachtleben ist nicht sehr spektakulär, wir gehen zum Hotel zurück und beziehen die Räume. Der Geruch ist sehr streng für unsere vom freien Wüstenwind verwöhnten Nasen, aber der Mensch ist ein Gewohnheitstier. Das Waschbecken hängt leicht schräg an der Wand und wackelt bei Berührung des Wasserhahns. Wenn ich ihn mit Vorsicht aufdrehe, wächst das fortwährende Rinnsal zu meiner Überraschung zu einem satten Strahl. Mit Erstaunen bemerke ich nasse Füße, ein Blick unter das Waschbecken bestätigt, es befindet sich kein Siphon unter dem Becken. Die Bettwäsche leuchtet in allen Orangetönen und ist pflegeleicht. Die Wolldecke, die zum Zudecken gedacht ist, kratzt und ist dunkelgrau. Wir denken wehen Herzens an unser Dachzelt und trösten uns damit, dass es ja nur für diese eine Nacht ist. Also löschen wir das Licht und wünschen uns eine gute Nacht.

First-Class-Hotel in Dongola

Nach wenigen Minuten surrt die erste Mücke. Uwe macht ihr den Garaus und ein Blutfleck prangt an der blauen Wand. Bis zum frühen Morgen kommen sieben weitere Mücken zur Strecke und hinterlassen jeweils ein unübersehbares Zeichen ihres Ablebens. Leidlich erschöpft erscheinen wir am Morgen bei unseren Freunden, die alle ein ähnlich aufregendes Nachtleben hatten, und gehen zum Markt.

Die Karawane verliert ihr Ziel nie aus den Augen. (Arabische Weisheit)

Montag, 26. März 2001
Überraschender Besuch bei Nacht

Auf dem Markt geht es am Vormittag lebhaft zu. Wir erstehen Brot, Eier und Schafskäse. Dann kommt der Abschied von unseren Reisegefährten, der nächste Treffpunkt ist am „Blue Nile Sailing Club" in Khartum. Hört sich feudal an, aber nach dieser Nacht im besten Hotel von Dongola glaube ich gar nichts mehr.
Wir verlassen Dongola nilaufwärts und finden wenige Kilometer später einen schönen Platz am Fluss zum Entspannen. Die Ortschaften am Nil entlang reihen sich wie Perlen einer Kette aneinander. Sie wurden sehr großzügig angelegt. Die Häuser sind ähnlich einer Kasbah erbaut und um ihre Anwesen ziehen sich große Mauern. Die Haustüren sind bunt bemalt, alles andere ist weiß getüncht oder im naturfarbenem Stampflehm belassen. Jeder Ort hat eine stattliche und schön bemalte Moschee. Es gibt keine Läden. Auffällig wenig Müll liegt herum. Oft sind unter einem schützenden

Dach Kalebassen mit Wasser aufgestellt. Es sind kaum Leute zu sehen. Nur wenige Menschen arbeiten auf den Feldern, die sich mit einer Breite von bis zu 200 Meter am Nil entlang hinziehen. Auf vielen ungenutzten Flächen stehen Stechapfel- oder Sodomapfelsträucher. Nicht einmal Tiere fressen diese giftige Pflanze.

Die Dörfer erscheinen menschenleer, immer wieder sehen wir zerfallene Häuser neben nagelneu erbauten und große Friedhöfe. Wie Zahnstocher für Riesen staken die frisch gesetzten Strommasten aus der Landschaft. Ob sie jemals Leitungen tragen werden? Die Piste ist stellenweise in einem sehr schlechten Zustand. Die tief ausgefahrenen LKW-Spuren sind keine gute Basis für die Spurbreite des Landrovers. Wir genießen diesen Tag, lassen uns Zeit und fahren etwa 5 Kilometer vom Nil ins Landesinnere, wo wir unser Lager hinter einem Berg aufschlagen. Von den Wüstentagen ist noch reichlich Wäsche zu waschen. Plötzlich kommt ein Auto angefahren und hält ohne zu zögern auf uns zu. Drei Sudanesen steigen aus, wirken leicht irritiert, sie hatten wohl nicht mit Weißen gerechnet. Einige Floskeln werden ausgetauscht und winkend fahren die Fremden wieder ab, ein sonderbarer Auftritt. Es ist schon dunkel und wir liegen früh im Zelt und lesen. Lange dröhnt uns von Ferne das Geräusch der LKWs, welche sich über die Piste quälen, ins Ohr. Bis Mitternacht sind die tanzenden Lichter der Scheinwerfer zu sehen. Zeit schlafen zu gehen. Es wird immer stiller und wir schlafen schließlich ein. Plötzlich dann ein lauter Krach und Motorengeräusche, die schon ganz nahe sind. Lichter blitzen auf, wir sind mit einem Schlag hellwach und denken an den komischen Besuch heute Nachmittag. Ein Überfall? Dann rast, mit horrendem Tempo, ein Lastwagen auf unser Lager zu. Der Atem stockt mir und mein Herz rast. Von gewaltigem Rumpeln begleitet und ohne das Tempo zu verringern, setzt das Gefährt seine Fahrt über die Steine fort und donnert in 10 Metern Entfernung am Lager vorbei. Wir atmen auf und lassen uns hellwach in die Kissen zurückfallen. Da hat wohl einer eine Abkürzung genommen.

Kostbar ist mir jeder Tropfen Zeit. (Augustinus)

Dienstag, 27. März 2001
Karawane und Kalaschnikow

Auf dem Weg zurück an den Nil begegnet uns eine Kamelkarawane. Weit über hundert Tiere, begleitet von 5 Treibern auf gesattelten Kamelen. Gewaltig stolz sind sie, die Herren der Wüste. Wie klein und winzig ich neben dem Kamel stehe, als mir der Mann seine Hand zum Gruß herunterreicht.

Kamelkarawane

Einen ernsthaften Moment lang habe ich das Gefühl, er kann mich mit Leichtigkeit zu sich hochziehen und auf dem langbeinigen Wüstenschiff mitnehmen. Wir beobachten die Karawane von unserem Autodach aus. Als sie schon ein gutes Stück vorbei sind, holt einer der Reiter seine Kalaschnikow aus der Satteltasche hervor und schwenkt sie übermütig über seinem Kopf.

In Debba, der alten Karawanenstadt am Nil, gibt es so ziemlich alles, was man braucht oder auch nicht braucht. In den kleinen Kaufläden gibt es frisches Gemüse aus der Gegend, wenig Obst, Plastikartikel aller Art und das sonst so Übliche. Auffallend viele Schuhe und Stoffe werden angeboten. Wir werden neugierig betrachtet, aber völlig in Ruhe gelassen. Brot habe ich schon in einer Ortschaft vorher bekommen. Da saß ein Junge in einer großen Garage und hatte einen riesigen Berg Brote vor sich auf dem Boden. Diese verpackte er in Tüten zu 10 Stück, während der Vater in der Ecke auf einem Bett lag.

Debba ist ein hübscher Ort und es gibt einige Tankstellen. Im Sudan werden überall Esel genutzt. In Libyen hingegen ist uns nie ein Esel begegnet und auch kein Radfahrer. Hier werden die Räder regelrecht aufgemotzt mit bunten Lichtern und vielen Spiegeln. Das grüne Band entlang des Nils ist wesentlich breiter geworden. Nur noch auf Trampelpfaden ist es möglich, an den Nil zu gelangen. Getreide und Pfefferminztee, das Nationalgetränk, wird in großen Mengen angebaut. Kamele und Esel tragen die Lasten, einige kleine Traktoren und vorsintflutliche Dreschmaschinen sind auf den Äckern zu sehen. Wir treffen auf einen verlassenen Ort am Nil. Die Häuser sind erbaut in einer Traumlage etwa 50 Meter hoch an einer Abbruchkante. Von hier bietet sich ein herrlicher Ausblick auf eine der Nilschleifen. Eigentlich ein herrlicher Platz für die Mittagspause, wären hier nicht tausende von kleinen Fliegen, die über uns herfallen. Sie machen sich in den Ohren

und in der Nase zu schaffen. Außerdem ist es unmöglich, etwas zu essen, möchte man auf die Fliegenbeilage verzichten. Wir suchen eiligst das Weite – so wie wohl auch die einstigen Bewohner.
Die tiefsandige Straße durch die Dörfer ist in einem schlechten Zustand. Wir kommen nur langsam vorwärts und schwenken nach rechts ab auf die Parallelstraße. In etwa 5 Kilometern Entfernung zum Fluss kommen wir wesentlich zügiger voran. Hinter einigen Hügeln schlagen wir unser Lager auf.

Das schönste Abenteuer ist unser Leben. (G. de Larigaudie)

Mittwoch, 28. März 2001
Mit Vollgas in die Kultur

Wir verlassen um 8 Uhr das Lager in den Hügeln und folgen einem von Regenrinnen zerfurchten trockenen Flusslauf. Hell leuchtet etwas in den tiefen Ausspülungen. Eine große Ansammlung von versteinerten Bäumen wurde von Wasser und Wind für einige Zeit frei gelegt.

Versteinerte Bäume

Der nächste Regen wird Sand über die steinernen Stämme spülen und sie wieder für viele Jahre verdecken. Auch unsere Spuren werden verwischt werden, vielleicht heute schon, vom ewigen Wind der Wüste.
Am Ende der hügeligen Piste folgt die Teerstraße, die ab Korti in Richtung Merowe führt.
Die Stromleitungen, welche vorher einfach an vielen Orten vorbeiführten, treffen hier auf Häuser. Radio- und Fernsehantennen schmücken die Dächer. Merowe verfügt über einen Flugplatz. Er ist mit Stacheldraht, an dem viele bunte Plastiktüten hängen geblieben sind, eingezäunt. Derzeit ist wohl

keine Maschine im Anflug, denn eine Herde Esel tummelt sich auf dem Rollfeld.
Die Nekropole von Nuri, Pyramiden aus der 25. Dynastie, ehemals 58 an ihrer Zahl, lassen nur noch wenig von ihrer einstigen Pracht erahnen. Es ist aber schön an diesem einsamen Platz zu sein, und darüber nachzudenken, wie es früher einmal war.

Nekropole von Nuri

Die einstigen prächtigen Reiche von Napata, Kusch und Meroe, wo wir auch noch hinkommen werden, prägen die Geschichte des Nordsudan. Als das ägyptische Pharaonenreich schon zerfallen war, gab es hier immer noch die Königreiche Dongola, Nobatia und Alodia. Sie fungierten fast 2.000 Jahre lang als Mittler zwischen den Reichen am Oberlauf des Nils und den Fanggründen für Sklaven und Elfenbein im Süden des heutigen Sudan.
Die Irrfahrt durch die Gärten am Nil will einfach kein Ende nehmen. Alle wissen wo Karima ist. Wir auch, auf der anderen Seite des Nils, aber wo ist die Fähre? Nach einigem Hin und Her finden wir die Anlegestelle. Gerade fährt der Ponton vor unserer Nase weg. Wir warten und haben so Gelegenheit das Treiben der Menschen zu beobachten.
Dann endlich nähert sich das Schiffchen und welch eine Freude: Mit an Bord ist die IFA-Crew. Wir feiern eine freudige Begrüßung, schließlich haben wir uns lange nicht gesehen. Fünf Autos passen gerade gut auf das Schiff, das Kamel kann leider nicht mehr mit und der Eselskarren muss auch warten. Ich beobachte die Überfahrt von der Autohaube aus. Schnell ist die Fahrt vorbei und in einer großen Staubwolke verlassen die anderen Autos vor uns die Fähre. 500 Dinar kostet die Überfahrt, wobei 240 Dinar

einem US-Dollar entsprechen. Da wir den Abend bei den Pyramiden von Karima verbringen wollen, besichtigen wir zuerst den Ort Karima. Hier gibt es eine Bahnlinie, ein Relikt aus der Zeit der Kolonisation. Bunt und gemütlich ist der Ort, die Menschen sind sehr freundlich und der Aufenthalt ist angenehm.

Mit Brot und frischen Erdnüssen vom Markt machen wir uns nun auf zu den am besten erhaltenen Pyramiden im Sudan. Vorbei am Jebel Barkal führt der Weg eine leichte Steigung hinauf. Auf dem Plateau liegen die Pyramiden. Von hier bietet sich ein phantastischer Blick über das Land und auf die Schönheiten der 25. Dynastie. Wir haben einen einsamen Platz für diese Nacht. Sang- und klanglos verschwindet die Sonne hinter den Hügeln, wir malen uns schon aus, wie wohl der Sonnenaufgang sein wird.

Glück ist wie eine Schneeflocke, hältst du es fest, zerschmilzt es im Handumdrehen. (Balling)

Donnerstag, 29. März 2001
Sonnenaufgang an den Pyramiden

Extra früh stehen wir auf, um nichts zu verpassen. Der Sonnenaufgang an den Pyramiden ist ein unvergessliches Licht- und Schattenspiel. Ganz allein sind wir an diesen geschichtsträchtigen Denkmälern. Zurück am Fuße des Jebel Barkal liegt der Amon-Tempel, welcher mit Bas-Reliefs aus der Zeit der 25. Dynastie versehen ist. Die ganze Tempelanlage ist großzügig angelegt und mit etwas Phantasie kann man sich vorstellen, wie gut die Pharaonen zur damaligen Zeit am Nil gelebt haben. Führer Hassan hat uns mit Schlüsseln den Zutritt zum inneren Bereich der Anlage verschafft. Warum wir nichts bezahlen müssen, verstehe ich nicht. Nicht einmal das Trinkgeld will er nehmen.

Zurück in Karima zeigt sich, dass der Markt am Morgen wesentlich belebter ist als am gestrigen Nachmittag. Die einheimischen Landrover-Taxifahrer bewundern unseren fast neuen Landy. Ihre museumsreifen Gefährte haben schon einige Jahrzehnte auf dem Buckel. Die Sudanesen sind ein freundlicher Menschenschlag. Wir scherzen und lachen, ein letztes herzliches Winken und weiter geht es.

Die Nekropole von El-Kurru aus dem 7. Jh. v. Chr. liegt nilabwärts hier am Weg. Die Anlage soll in einem schlechten Zustand sein. Wir finden sie nicht und somit auch nicht die Pyramiden. Mit der Fähre geht es wieder auf die andere Seite. Abermals mit viel Spaß, zumal eine störrische Kuh mit an Bord kommt.

Durch die Bayudawüste führt eine Route nach Atbara. 80.000 Einwohner leben dort, Treibstoff und Einkaufsmöglichkeiten sollen vorhanden sein. Die Streckenbeschreibung ist sehr ungenau. Bei Merowe soll sich die entsprechende Abzweigung befinden. Wir versuchen unser Glück. Aber bald wird das Terrain sehr felsig. Um nicht weiter auf Verdacht im Gelände umherzuirren, laden wir die entsprechenden russischen Generalstabskarten im Maßstab 1:500.000 in das Laptop. Auf diesen Karten ist das Geländeprofil sehr genau eingezeichnet und ebenso auch die Piste. Anhand der eingezeichneten Piste in der Generalstabskarte markieren wir sinnvolle Wegpunkte und laden dann die Route auf unser GPS herunter. Jetzt setzen wir die Fahrt fort. Nach einiger Zeit findet sich ein Spurenbündel in einem Flussbett. Hier zeigt sich, dass der in der Generalstabskarte eingezeichnete Routenverlauf sehr präzise ist. Was einem die Technik so alles erlaubt. Die Fahrt verläuft leicht ansteigend in dem trockenen Flussbett. Die Hügel rechts und links des Tales sind mit Granitblöcken übersät. Die Gegend ist fruchtbar und es scheint sich um eine von Karawanen und Nomaden genutzte Route zu handeln. Tatsächlich treffen wir auch auf Hirten mit einer großen Anzahl von Kamelen. Dann plötzlich ist das Flussbett mit Stechapfelbäumen nur so übersät. Große Tamarisken stehen einsam am Rand. Ziegen und Kamele lagern im Schatten der ausladenden Bäume. Selbst hier im Flussbett hat der Wind den Sand in wilde Falten gelegt. Erst der nächste Regen wird eine andere Ordnung bringen. Die Nacht verbringen wir unter einer Tamariske am Flussufer.

Große Bäume spenden Schatten für andere und stehen selbst in der Sonnenglut. (Sprichwort)

Freitag, 30. März 2001
Orientierungs- und andere Probleme

Der Tag beginnt nicht gut. Mir ist so schlecht und ich komme nicht aus den Federn. Nach dem Frühstück landet dieses auch gleich wieder hinter einem Busch. Mir ist sterbenselend, wovon bloß? Gestern war wieder Lariamtag, ist das Malariamittel verantwortlich? Unsere Abfahrt verzögert sich heute stark und erst um 10 Uhr ist alles fertig zum Aufbruch. Wir fahren zurück ins Flussbett und nach viel Gehoppel verlieren sich die spärlichen Spuren ganz. Als wir uns in dem tiefen Weichsand beinahe einsanden, bietet uns ein vorbeieilender Hirte seine Hilfe an. Der drahtig gebaute Bursche ist mit einem kurzen Schurz nur spärlich bekleidet und sieht sehr verwegen aus. Am Oberarm hat er sich ein Messer festgebunden. Flink saust er bei dieser Hitze in Badelatschen weiter über die Kuppe, wohl auf der Suche nach einem Tier.

Trotz der erstellten Route kommen wir hier nicht weiter. Anhand der Karte bietet sich eine weitere Möglichkeit an, ein alter Karawanenpfad. Das ist sehr verlockend, denn er führt noch direkter zu unserem Ziel Atbara. Wir basteln uns eine neue Route. Merowe – Atbara, die Zweite. Mein Zustand ist immer noch desolat, verschlechtert sich aber auch nicht.

Aller Anfang ist schön. Zügig steuern wir die ersten 7 Kilometer in die neue Richtung. Bis dahin haben wir nirgends Lebenszeichen von Menschen gesehen. Fünf Gazellen suchen in hohen Sätzen das Weite. Dann tauchen Berge vor uns auf und eine Nomadenfamilie, die sehr interessiert schaut. Schmale, von Kamelen ausgetretene Wege führen durch die Berglandschaft. Der Landy kämpft sich durch das steinige Flussbett, doch schließlich versperren uns große Felsen den Weg. Satz mit x, das war wohl nix. Also tasten wir uns den Weg wieder zurück. Abermals hoppeln wir vorbei an der staunenden Nomadenfamilie und parken unter der nächsten Tamariske.

Das nervt mich jetzt schon. Wieder müssen wir das Laptop auspacken und erstellen die dritte Route von Merowe nach Atbara. Wir visieren nochmals die erste Route an und kommen auch zügig weiter. Wir meinen schemenhaft einen alten Weg zu sehen, einige Spuren finden zueinander. Doch sie driften wieder auseinander und verschwinden über der nächsten Kuppe. Dahinter tauchen dann plötzlich schöne, breit ausgefahrene Auto- und LKW-Spuren auf. Wir sind erleichtert. Wenn auch weit und breit nichts zu sehen ist außer einer fadenscheinigen Hütte. Von dort kommen zwei junge, zerlumpte Männer an die Piste gelaufen und deuten auf ihren Mund. Doch sie wollen kein Brot, sondern nur Wasser. Wir folgen noch eine weitere Stunde dem Spurenbündel. Da es nun schon spät am Tag ist und die Schatten lang werden, steuern wir einen schönen Platz für diese Nacht an. Von der Anhöhe haben wir einen weiten Ausblick.

Jeder Tag hat seine eigene Farbe, seine eigenen Menschen und seine eigene Landschaft. (Verfasser unbekannt)

Samstag, 31. März 2001
Wassersuche

Ein strahlender Morgen und mir geht es wieder gut. Wir fahren weiter über lang gestreckte Hügel, die mit schwarzen Steinen überzogen sind. Schnell erreichen wir das zerfurchte Sandmeer vor Atbara.
Eine Stromleitung und die Schienen einer wenig befahrenen Materialbahn geleiten uns bis zu den Vorgärten am Nil. Wie in einem Labyrinth sind die Gärten von Wegen durchzogen. Wir folgen einer schmalen Gasse, die sich mal rechts herum, mal links herum durch den Irrgarten schlängelt. Aber letztlich bringt sie uns zum Anlegesteg der Fähre.

Eingeparkt zwischen Eseln und Karren

In aller Ruhe können wir das Geschehen am Fluss verfolgen. Einige Jungen stehen im Nil und waschen das Futter für die Tiere. Dann wird das Gras wieder ordentlich aufgeladen und die zweirädrigen Karren, samt eingespannter Esel, werden zur Abfahrt bereitgestellt. Da kommt auch schon die winzige Fähre an. Erst verlassen alle Männer in weiße Gewänder gehüllt das Schiff und dann folgen die bunt gekleideten und verschleierten Frauen. Schließlich fährt der kleine Laster, welcher auch mit Frauen beladen ist, von Bord. Systematisch wird nun Karren für Karren auf das Schiff ge-

bracht. Drei rechts, drei links, und in die entstandene Lücke in der Mitte werden die Eselchen gedrängt. Davor muss rückwärts der Landy eingeparkt werden.
Eine große Zahl von Passagieren hat sich auf dem Schiff verteilt. Eine Traube Menschen lässt sich auf der Brücke nieder. Den Blick entgegen der Fahrtrichtung fest auf uns geheftet. Mehr hängend als sitzend machen einige Personen es sich auf der wackeligen Reling bequem. Unser Auto erfährt keinen Kontakt außer dem der Eselhintern. Erst werden wir nur schweigend beobachtet, aber dann kommt doch noch ein Gespräch zustande.
Die Überfahrt kostet 1.000 Dinar und dauert keine zehn Minuten. Das Entladen geht mit der gleichen Ordnung und Ruhe vor sich wie das Beladen, soweit sechs störrische Esel das eben zulassen.
Die Brücke über den Fluss Atbara ist eine Engstelle und ein bekannter Kontrollpunkt. Hier bestätigt sich, dass der Aufenthalt in Dongola bei der Polizei seine Richtigkeit hatte. Das teure Papier tut seine Wirkung und sobald wir eine Kopie davon haben, dürfen wir weiterfahren. Der Copyshop ist am Markt. Uwe hat schon viel dazugelernt. Flink lädt er mich auf die Mittelkonsole und den Polizisten auf den Beifahrersitz. So kommen wir ohne Umschweife zur gewünschten Kopie. Sehr freundlich begleitet uns der Polizist noch zur Tankstelle. Hier gibt es neben Sprit auch frisches Brot. Zurück beim Posten entsteht ein herzliches Palaver, wohl in der Hoffnung, ob vielleicht nicht doch ein paar Dollar oder Zigaretten bei uns rausspringen.
Am Ortsende pumpen wir die Reifen wieder auf normalen Luftdruck, ein großer Toyota hält. Der Fahrer fragt, ob alles in Ordnung ist, und erklärt, allein schon der Landrover gibt uns als Nichtsudanesen zu erkennen. Da Gastfreundschaft im Sudan großgeschrieben wird, will er nur hören, ob er helfen kann.
Die Wasservorräte in den Kanistern müssen ergänzt werden, wir sehen uns nach einem Brunnen um. Von Weitem ist ein riesiger Hochbehälter zu erkennen. Da steht auf Deutsch unter anderem: „Finanziert durch die Kreditanstalt für Wiederaufbau", ausgeführt von einem Unternehmen aus München. Hilft aber auch nichts, kein Tropfen Wasser ist hier zu bekommen.
Am Brunnen im nächsten Ort beobachtet eine verschleierte Frau uns, wie wir an der Wasserstelle wieder erfolglos hantieren. Mit wenigen Worten bittet sie uns in ihr Haus, zögernd folgen wir ihr durch das Tor. Die zierliche, sehr gepflegte Frau klärt uns auf. Das kostbare Nass sprudelt nur für eine bestimmte Zeit aus den Brunnen und die Menschen können in dieser

Zeit ihren Bedarf decken. Für heute ist das Wasser schon versiegt. Mit einer großzügigen Geste weist sie auf einige Schüsseln voller Wasser und lädt uns ein, unsere Kanister zu füllen. Die Großzügigkeit der Frau wollen wir nicht ausnutzen und bedanken uns höflich, nachdem wir einen Kanister gefüllt haben. Der reicht für ein paar Tage. Die ganze Familienschar ist in dem blitzsauberen Innenhof versammelt und rundherum blicken wir in freundliche Gesichter.

Eine Ortschaft weiter ist ein öffentlicher Brunnen, wo eben Esel getränkt werden. Wir halten respektvoll Abstand. Aber sofort wird Platz gemacht und viele Hände winken uns näher. Ohne zu zögern und von vielen Augenpaaren betrachtet, füllen wir die Wasserkanister. How are you? und What is your name? Sehr oft werden diese Fragen gestellt und die Gespräche drehen sich immer in diesem Radius. Ein Mann, schneeweiß gekleidet, gesellt sich zu uns. Die Umstehenden weichen respektvoll etwas zurück. Ein Junge, der den Weißgekleideten begleitet, drückt Uwe und mir eine eiskalte Pepsi Cola in die Hand. Die Gruppe um den Brunnen ist immer größer geworden und als wir weiterfahren, öffnet sich die winkende Menschentraube wie ein Spalier.

Die ehrliche Gastfreundschaft und uneigennützige Hilfsbereitschaft der Menschen im Sudan macht das Reisen hier zu einer echten Freude.

Ein Zeitsprung in die Geschichte: In den Jahren zwischen 1820 und 1876 erobern die ägyptischen Truppen, unterstützt von den Briten, den Sudan. Kurzzeitig müssen die Briten das Feld räumen. Nach dieser Unterbrechung erkämpfen sich die Briten 1898 das Territorium zurück und der Sudan wird Britische Kolonie. 1956 wird der Sudan unabhängig.

Morgen früh geht es mit den Pyramiden bei Meroe weiter, also gleich nach dem Frühstück Kulturprogramm.

Im Sudan haben wir uns ausgesöhnt mit dem Sand, dem Staub, der Hitze und den Fliegen, man gewöhnt sich an vieles. Vor allem an nette, freundliche Menschen. (Wir)

Sonntag, 1. April 2001
Kein Einlass ohne „Permit"

Vormittags treffen wir bei den Pyramiden ein, stolz und trotzig stehen sie auf der Anhöhe. Die Licht- und Schattenverhältnisse sind bestens, das Areal noch menschenleer. Aber der Wächter will uns nicht vorlassen, weil wir keinen Passierschein aus Khartum haben. Das darf doch nicht wahr sein!

Wir sind frustriert. Es ist früh am Tag, wieder und wieder erklären wir dem Mann, von wo wir kommen und dass wir deshalb doch gar kein Permit haben können. Aber er hat wohl die strikte Order, ohne eine Genehmigung niemanden hineinzulassen. Was ihn letztlich bewegt, uns doch noch Zutritt zu gewähren? Keine Ahnung, vielleicht meine traurigen Augen oder die Aussicht auf ein wenig Trinkgeld.

Pyramiden bei Meroe

Ganz allein durchstreifen wir das weitläufige Gelände. Umfassende Restaurierungsarbeiten waren in den Achtzigerjahren hier im Gange. Ob dies gut gelungen ist oder nicht, darüber mögen gelehrte Köpfe sich streiten. Die Arbeiten sind nicht abgeschlossen, viele Steine liegen nummeriert im Wüstensand. 30 Pyramiden sind richtig gut erhalten. Große gelbe Sanddünen haben die Bauwerke eingerahmt und gegen den blauen Himmel des anbrechenden Tages wirken sie majestätisch. Bei genauem Hinsehen fallen die Ausbuchtungen der Seitenwände auf. Schwer und unaufhaltsam, durch das große Gewicht von oben, blähen sich die Pyramiden regelrecht auf. Der Sand ist tief in die Grabkammern eingedrungen und niemand fühlt sich für die langsam, aber beständig kriechende gelbe Flut zuständig. Meroe hat etwas Reines und Unberührtes an sich. Die Sudanesischen Pyramiden sind zwar nicht so hoch wie die in Ägypten. Aber der absolute Pluspunkt für eine Kulturreise in den Sudan ist die Ruhe. Hier ist kein Rummel und nichts wird im Kommerz erstickt.
Die Sudanesen haben, was Pyramiden und Touristen angeht, den Ägyptern schon etwas abgeschaut. Für uns führen die Bemühungen der Tourismusgesellschaft, etwas Geld in die Kasse zu bekommen, zu weiteren Problemen. Als nächste Sehenswürdigkeit steht ein Tempel bei Musarawat auf dem Programm. Am Ende der wilden, holperigen Fahrt sind wir enttäuscht. Abbröckelnde Mauern, einige einsam in den Himmel ragende Säulen und ein

alter Wächter, der hartnäckig auf das Permit aus Khartum pocht. So toll sieht uns das Areal nicht aus, dass sich für den Eintritt ein Bestechungsversuch lohnt, nicht einmal ein Foto ist erlaubt. Na gut, Tempel sind sowieso nicht Uwes Ding, vor allem wenn sie vor ihm am Boden auf Haufen liegen.

Windhose bei fast 50 Grad Celsius im Schatten

Der Kulturtrip für heute ist für uns beendet und auch die Ausgrabungen bei Wad Ben Naqa sind aus dem Programm gestrichen. Denn da erwartet uns vermutlich das gleiche Theater mit dem Permit. So beziehen wir unsere letzte Campsite vor Khartum. Der Platz liegt zwischen kuriosen, von der Natur geschaffenen großen Steinaufhäufungen. 7.000 gefahrene Kilometer trennen uns von zu Hause. Etwa 2.000 Kilometer davon haben wir bisher im Sudan zurückgelegt.

Jeder Augenblick des Suchens ist ein Moment der Begegnung. (Autor unbekannt)

Montag, 2. April 2001
Karthum – ein Eindruck für sich

Am Ende von vielen Wüstenkilometern empfängt uns die Hauptstadt Khartum mit der ihr zustehenden Betriebsamkeit. Viele Autos und Menschen sind am Vormittag auf den Straßen und Plätzen unterwegs.
Der Weiße Nil, dessen Ursprung in Uganda liegt, und der Blaue Nil dessen Geschichte in Äthiopien beginnt, treffen sich hier im Herzen von Khartum. Vereint als Nil fließen die Fluten in das Mittelmeer. Der einstige Glanz Khartums, von dem Geschichten erzählen, ist nicht mehr zu erkennen. Die weitläufige Stadt liegt unter einer Hitzeglocke.
Während für uns bei den hohen Temperaturen schon das Autofahren zum Kraftakt wird, zeigen sich die Bewohner von Khartum von der Hitze wenig beeindruckt. Die Stadt wirkt wie ein geschäftiger Ameisenhaufen. Der Verkehr ist zwar etwas ungeordnet und laut, aber jeder hängt an seinem Fahrzeug und passt letztendlich auf. Einige Ampeln gibt es, aber zahlreicher sind die in sauberes Schneeweiß gekleideten Polizisten. Mit den Armen wild dirigierend lotsen sie den Verkehr in die richtigen Bahnen.
Nach Khartum tragen viele Menschen ihre Hoffnung auf ein besseres Leben. In der Hauptstadt wird Geld gemacht, Geld verloren und viele Hoffnungen begraben. Khartum ist nicht unangenehm, aber auch nicht gemütlich. Es sind knapp acht Millionen Menschen, die der Stadt einen nervösen Pulsschlag verschaffen, der auch nachts nicht zur Ruhe kommt. Die Menschen sind, wie wir es gewohnt sind, freundlich und hilfsbereit. Es gibt viele gut sortiere Geschäfte und neben Internetcafés auch eine Landrover-Niederlassung.
Unsere Reisekameraden sind in der Stadt eingetroffen. Der Blue Nile Sailingclub erweist sich als ein gemütlicher Platz. Es sind Reisende da, die von Südafrika kommen. So erhalten wir allerhand aktuelle Informationen über unser nächstes Reiseland Äthiopien.
Die Nacht bietet alles an Geräuschen, die eine Acht-Millionen-Metropole ausmachen. Das Ganze erreicht seinen Höhepunkt, als im Morgengrauen ein Laster wenige Meter neben uns eine Ladung Steine auskippt. Aber dann ist die Nacht auch schon zu Ende. Der Muezzin ruft zum Gebet und als das vorbei ist, läuten die Glocken der griechisch-orthodoxen Kirche.

Wenn du unter Fremden bist, singe nicht allein, sondern mit im Chor.
(Aus Afrika)

Dienstag, 3. April 2001
Leckeres Essen im Sudan

Frühzeitig brechen wir auf. Da wir schon ewige Zeit keine Butter mehr gegessen haben, sehen wir uns hier auf dem Markt um. Das Angebot ist vielfältig und wir staunen wieder einmal über die Preise. Schließlich lassen wir uns zu einem Lustkauf hinreißen und erwerben 125 Gramm dänischer Butter zu 2 Euro.
Der Landrover steht für 5 Stunden in der Werkstatt und bekommt auf Garantie den Gehäusedeckel der Servolenkung ausgetauscht.
In der Zwischenzeit essen wir in einem der typischen sudanesischen Straßenrestaurants. Als Schatten spendendes Dach dient eine Plane, die über vier Pflöcken aufgespannt ist. Gekocht wird am Boden auf dem offenen Feuer in irdenen Töpfen. Winzige Hocker dienen uns als Sitzgelegenheit und auf einem ebenso winzigen Tischchen steht ein großes rundes Tablett mit unserem Essen. Es besteht aus einer Portion Rindfleisch mit Bohnen und einer Portion Hammel mit Kartoffeln. Alles ist weich gekocht, fremdartig gewürzt und sehr lecker. Gegessen wird, wie es sich hier gehört, mit den Fingern der rechten Hand und einem Stückchen Fladenbrot. Dabei wird das Brot wie eine Greifzange eingesetzt. Für das Essen inklusive eines supersüßen Tees müssen wir nur 2 Euro bezahlen.
Es ist drückend heiß in der Stadt und wir verlassen Khartum um 16 Uhr in Richtung Wad Medani. Die Straße führt weiter nach Port Sudan und viele Industriebetriebe haben sich an ihr niedergelassen. Die Gegend ist sehr belebt, unzählige Weiden und Äcker füllen die Lücken zwischen den Fabriken und Dörfern. Linker Hand verläuft immer noch der Blaue Nil. Hoch aufgeladene Laster kommen uns entgegen. Meist thront noch ein Auto auf der Ladung. Rechts und links der Straße liegen viele tote Tiere. Kühe, Hunde und eine ganze Menge Ziegen. Niemand kümmert sich darum, die Kadaver bleiben einfach liegen. Auf manchen Abschnitten ist die Geruchsentwicklung zum Teil betäubend.
Es ist wieder schwierig, einen Platz für die Nacht zu finden, die Stadt Gedaref kommt immer näher. Bevor es völlig dunkel ist, parken wir hinter einem größeren Haus mit schönen alten Bäumen, vor uns fließt träge der Nil. Ein Platz, den wir ohne Not nicht ansteuern würden. Er hat etwas sehr Öffentliches an sich, aber alles bleibt ruhig. Vielleicht zu ruhig? O je, zwei Polizisten kommen, ob sie uns wohl wegschicken? Sie fragen uns freundlich, ob alles in Ordnung ist. Ebenso freundlich antworten wir und es dauert ein

wenig, bis wir uns klar verständigen können. Dann begreifen wir langsam, dass wir genau hinter der Polizeiwache campieren.

Gott schuf die Frau aus einer gekrümmten Rippe; und ein jeder, der versucht sie geradezubiegen, wird sie zerbrechen. (Somalisches Sprichwort)

Mittwoch, 4. April 2001
Baumarkt und Baobab

Morgens werden etwa 30 Gefangene zum Nil gebracht. Gefesselt an den Händen ziehen sie im Gleichschritt an der Polizeistation vorbei.

Wir stehen im Blickpunkt des Interesses

In Wad Medani werden an der Tankstelle US-Dollars akzeptiert, prima, so erübrigt sich der Weg zur Bank. Die Älteren im Ort sprechen gut Englisch. Das rührt von der Kolonialzeit her. Nun fehlt uns nur noch Wasser, also verlassen wir die Teerstraße und steuern ein Dorf an. Ein dicker Wasserstrahl rinnt aus einem Schlauch, der Boden um den Brunnen ist völlig durchweicht. Es ist ganz ruhig hier. Aber innerhalb von 5 Minuten sind die Bewohner des Ortes komplett versammelt. Schulferien sind auch, das er-

klärt die große Menge an Kindern. Das Unternehmen Wasserfassen ist wieder sehr lustig, die Menschen kennen hier keine Berührungsängste. „In unseren Ort kommen nie Touristen", sagt der Dorfobere.
Mit randvollen Kanistern im Auto steuern wir zwischen den winkenden Menschen zurück auf die Hauptstraße. Die Menschen auf dem Land sind sehr gastfreundlich.

Strickkurs im Sudan

Während der Fahrt durch den Sudan wurden wir nur einmal um etwas gebeten. Von den beiden Männern in der Wüste vor Atbara, die wollten in ihrer Not lediglich Wasser.
Über eine Brücke verlassen wir nun den Nil und nähern uns Hügeln. Plötzlich bestehen die Dörfer nur noch aus Rundhütten und Strohmatten. Ein kleines Heer von Mähdreschern parkt bei einer Rundhütte. Die dürren Äcker rechts und links der Straße versprechen also fruchtbare Ernten in der Regenzeit. Kinder mühen sich ab, Wasser für die Tiere aus dem Brunnen hochzuholen, während die Kühe im Schatten einiger vertrockneter Bäume dösen.
Immer wieder begegnen uns große Tanklastzüge, schließlich erreichen wir Gedaref. Hier befindet sich die Abzweigung in Richtung Galabat und der Grenze nach Äthiopien. In Gedaref gibt es einen Baumarkt. In den picobello angelegten Verkaufsschuppen werden die Materialien zum Bau der Rundhütten angeboten. Große leuchtend gelbe Haufen mit gebündeltem Stroh, verschiedene in allen Längen und Farben sortierte Hölzer und geflochtene Matten. Die Menschen sind sehr freundlich und mit Recht stolz

auf ihre Läden und das schöne Angebot. Wieder folgen einige harmlose Polizeikontrollen und weitere Dörfer. Auf einigen Rundhütten sind Fernsehantennen.

Plötzlich ein Leuchten auf dem Gesicht von Uwe. Baobabs, lauter herrliche, riesengroße Baobabs! Das ist sein Lieblingsbaum und er sagt: „Jetzt sind wir in Afrika." Obwohl es früh am Nachmittag ist, suchen wir einen Lagerplatz, denn die Grenze rückt immer näher. Ein kleines Wäldchen, wenn auch ohne Baobabs, lädt uns ein.

Die ersten Baobabs

Die Grillen zirpen, die lästigen Fliegen sind eben schlafen gegangen und werden bei Einbruch der Nacht von den Mücken abgelöst. Am Morgen wird sich herausstellen, dass dieser Platz sehr gut gewählt war. Die Grenze zu Äthiopien ist in unmittelbarer Nähe.

Ein Baum, der sich zu beugen versteht, wird niemals vom Sturm gebrochen. (Somalia)

4. Kapitel - Äthiopien

Fläche: 1.130.138 km², Einwohner: 53,4 Millionen, Ethnien: Amharen, Tigre, Oromo, Danakil, Niloten, Somali, Hauptstadt: Addis Abeba, 2,3 Millionen Einwohner, Währung: 1 US-$= 8 Birr.

Donnerstag, 5. April 2001
Land und Leute, nie waren sie so nahe wie hier

Bis zur Grenze ziehen sich Straßenbauarbeiten hin. Gigantische Erdbewegungen finden hier statt. Aber es wird sich lohnen, denn ein wetterfester Highway entsteht hier von Gedaref nach Gonder.
Die Ausreiseformalitäten bei den Sudanesen gehen problemlos vonstatten. Das in Dongola für teures Geld erstandene Roadpermit wird einkassiert. Von einer Rundhütte werden wir zur nächsten geleitet, das Carnet wird gestempelt, alle sind begeistert, dass es uns im Sudan so gut gefallen hat und wir loben die Freundlichkeit der Menschen sehr. Der Weg läuft durch das trockne Flussbett und schon sind wir in Äthiopien.
Äthiopien, früheres Abessinien, grenzt im Norden an Eritrea, im Nordosten an Djibouti, im Osten und Südosten an Somalia, im Süden an Kenia. Äthiopien kann ohne Zweifel als eine der Wiegen der Menschheit bezeichnet werden. Fossile Funde menschlicher Überreste, die im Awash-Tal entdeckt wurden, werden auf ein Alter von ungefähr drei Millionen Jahren geschätzt. Für den Moment haben wir jedoch keine Zeit, weiter in der Geschichte zu stöbern.
Unsere Einreise steht bevor, wir sind gespannt. Ein Menschenstrom kommt uns entgegen. Ein einfacher, aber solider Strick versperrt die Weiterfahrt. Nichts weist zunächst auf irgend eine Grenzbehörde hin. Von einem Kind bekommen wir den Weg mitten durch das Dorf gezeigt. Das Büro befindet sich in einer Rundhütte, die genauso aussieht wie alle anderen auch. Eine freundliche und zügige Abfertigung und ein ebenso unproblematischer Geldwechsel überraschen uns sehr positiv. Zum guten Schluss werden wir um ein Schreiben gebeten, dass unsere Zufriedenheit mit der Abfertigung erklärt. Diesen Wunsch erfüllen wir gerne, denn alles war bestens.
Eine holprige Straße führt durch das Dorf. Die Rundhütten kauern dicht nebeneinandergedrängt am Straßenrand. Alle wollen in der ersten Reihe sitzen, denn da werden die Geschäfte gemacht. Freundlich grüßen wir nach beiden Seiten und sind erstaunt, wie wohlwollend und freundlich zurückgegrüßt wird. Die Kinder machen durch laute „You, you!"-Rufe auf sich auf-

merksam. Von dieser Angewohnheit haben wir in Khartum schon gehört und finden das erst mal in Ordnung. Nach einigen Hinweisen von Einheimischen finden wir das Zollgebäude. Erst hier wird ein Fahrzeugbegleitschein ausgestellt. Der zuständige Beamte ist nicht da, Mittagspause! Der Landy bleibt am Gebäude stehen und wir gehen in den Ort zurück, um uns etwas unters Volk zu mischen, was aber schon in der ersten Rundhütte erledigt ist. Es gibt Tee und alle können hier gut Englisch.
Zurück beim Zollamt ist immer noch niemand da. Das neue, blau getünchte Gebäude in viereckiger Bauform liegt am Dorfrand. Laute Musik tönt aus einem Radio und drei Gestalten nähern sich im Takt der Musik wippend. Ein kleiner Junge, der schon geraume Zeit still neben uns hockt, erklärt, dass nun die Zollbeamten kommen. Wir schauen sehr ungläubig auf das sich uns bietende Bild. Drei junge Kerls in Muskeltops, einer in kurzen Hosen, öffnen tatsächlich das Zollgebäude. Eine freudige Begrüßung folgt. Während das Radio sehr laut auf der Fensterbank bei offenem Fenster weiterspielt, widmen sich die Männer unserer Abfertigung. Nach uns kommen LKW-Fahrer, deswegen entsteht aber keine Eile. Im Gegenteil, einer wirft lässig ein Päckchen mit grünen Blättern auf den Tisch und lädt alle zum Katt-Kauen ein. Er erklärt, dass das Kraut bei Hitze hilft, weniger zu schwitzen und wach zu bleiben. Mit großen Gesten erläutert er weiter, was mit der Potenz des Mannes passiert, falls er zu viel Katt kaut und was mit den Frauen passiert, wenn sie Katt kauen. Es wird viel gelacht und nachdem ein US-Dollar Gebühr für die Einreise entrichtet ist, sind wir in Äthiopien.
In Shedi angekommen, wiederholt sich das Dorfbild von Metema. Eine Hütte reiht sich an die nächste und überall gibt es Tee. Vereinzelt stehen Pfannen auf dem offenen Feuer in denen Injera, das Nationalessen, gebacken wird. Das Gericht werden wir noch kennen lernen, aber nicht lieben.
Unsere Weiterfahrt führt über Berg und Tal. Überall wird fieberhaft an der neuen Straße gearbeitet. Große Brücken werden gebaut und die Menschen sind stolz auf das, was sie tun. Ein Ochse dreht das Mühlenrad, die Gegend ist ärmlich und immer wieder passieren wir Dörfer. Wir haben in negativen Berichten gehört, dass die Menschen schwierig sind und die Kinder Steine werfen. Nun sind wir sehr gespannt, wie wir die ersten Begegnungen erleben. Für den Anfang ist alles im grünen Bereich. Die Menschen arbeiten schwer und nach einem harten Arbeitstag in der Hitze darf man auch von niemandem erwarten, dass er sich wie wild freut, wenn er Touristen sieht. Aber wir erfahren nichts Ablehnendes an diesem ersten Tag in Äthiopien.

Auf dem Weg Richtung Gonder

Unser Platz für die Nacht befindet sich hochgelegen, irgendwo etliche Kilometer vor Gonder. Es ist ein milder, stiller Abend. Uwe geht es gut! Nach diesen vielen heißen Tagen im Sudan schwitzt er heute mal nicht. Ein Mann kommt noch vorbei, ganz auf Distanz hat er sich geräuspert. Er geht bei Dunkelheit.

Zum Reisen gehört Geduld, Mut, Humor, Vergessen aller häuslichen Sorgen und dass man sich durch kleine widrige Zufälle, Schwierigkeiten, böses Wetter, schlechte Kost und dergleichen nicht entmutigen lasse.
(Adolph von Knigge)

Freitag, 6. April 2001
Gonder – eine bewegende Geschichte

In den frühen Morgenstunden hat es leicht geregnet, die Luft ist feucht und ein schwerer erdiger Geruch hängt ihr an. Überall sind die Menschen schon auf den Äckern am Werk. Von Stieren wird der einfache Holzpflug gezogen, drohend kreist die meterlange Peitsche über den Rücken der Tiere und das ein oder andere mal ertönt ein lautes, aufforderndes Knallen. Es ist eine schwere Arbeit, die hier Mensch und Tier abverlangt wird. Im nächsten Dorf sind Frauen am Brunnen, eine gute Gelegenheit, um unser Wasser nachzufüllen. Freundlich werden wir vorgelassen, eine der älteren Frauen schimpft mit den zudringlichen Kindern. Die Kinder möchten uns anfassen, um zu wissen, wie sich die weiße Haut anfühlt. Am liebsten zwicken sie uns ein wenig in die nackte Haut.

Früh übt sich

Die Straße befindet sich in einem schlechten Zustand, daher brauchen wir bis Mittag, um Gonder, das auf 2.270 Meter Höhe liegt, zu erreichen. Etwa 80.000 Menschen leben hier. Bevor die Mittagsruhe einkehrt, tausche ich, völlig problemlos, auf der Bank US-Dollar in die Landeswährung Birr. Wir absolvieren das Besichtigungsprogramm am Gemp und schließen es mit einem Rundgang über den Markt ab. Während das Essen auf sich warten lässt, blicken wir zurück in die Geschichte.
Während des 1. Jahrtausends v. Chr. überqueren Semitenstämme aus Saba das Rote Meer, später gründen die Semiten das Königreich von Axum, das von der Dynastie der Solomoniden regiert wird. Die Könige von Axum erklären im 4. Jahrhundert das Christentum zur Staatsreligion und gehören damit in dieselbe Tradition wie die koptischen Christen in Ägypten. Erst im frühen 10. Jahrhundert wird die Dynastie der Solomoniden gestürzt, von der Sagwe-Dynastie, der herrschenden Familie im zentralen Hochland. Aber etwa 1260 gelingt es den Solomoniden, ihre Herrschaft über einen Großteil Äthiopiens wieder zurückzuerobern. Als muslimische Truppen aus Harar etwa 1527 in Äthiopien einfallen, bittet der Kaiser, wie der Herrscher inzwischen genannt wird, die Portugiesen um Unterstützung. Mit deren Hilfe besiegen die Äthiopier die Eindringlinge schließlich 1542. Jesuitische Missionare kommen 1557 nach Äthiopien, aber ihre beharrlichen Versuche, den äthiopischen Kaiser von der koptischen Kirche zum römisch-katholischen Glauben zu bekehren, bleiben nahezu erfolglos. Im Jahr 1632, nach einer Zeit dynastischer Verwirrungen, besteigt Fasilidas den

Kaiserthron. Ihm folgt 1637 sein Sohn Johannes I. und 1682 dessen Sohn Iyasu der Große. Nach dem Tod von Iyasu 1706 beginnt in Äthiopien erneut eine Zeit dynastischer Verwicklungen, die diesmal noch länger dauert. Aber zurück zu Fasilidas und der Königsstadt Gonder: Wir befinden uns im 17. Jahrhundert. Kaiser Fasilidas (1632 – 1667) lässt seine Residenz erbauen. Der Gemp entsteht in Gonder, umgeben von einer aufstrebenden und blühenden Stadt. Erst lange nach Fasilidas Tod beginnt im 18. Jahrhundert der Zerfall Gonders, das mehrmals geplündert wird. 1889 plündern die Mahdisten aus dem Sudan die Stadt und versklaven noch dazu die Bevölkerung. Die Stadt bleibt aber Handelszentrum und erholt sich um die Jahrhundertwende. 1941 wird die Stadt im Krieg gegen das faschistische Italien von englischen Flugzeugen bombardiert. Später dazu mehr.
Unser Essen wird aufgetragen. Sehr leckere weiße Bohnen mit Soße, die wir schon aus dem Sudan kennen. Zum Nachtisch wird uns ein Kaffee auf die landestypische Art zubereitet.
In einem Kiosk wird geistliche Musik verkauft, eine Musikkassette mit orthodoxen Gesängen wechselt in unseren Besitz. Kinder bieten sich als Führer an oder versuchen es als Schuhputzer. Es ist erstaunlich, was den Jungs alles so einfällt, betteln probieren sie natürlich auch. Sehr viele Arme und Kranke leben hier auf den Straßen, die auf Hilfe wirklich angewiesen sind.
Vom Hotel Goha aus genießen wir noch den Blick über das Land. Der Himmel ist etwas dunstig heute, Nebelschleier liegen über der Stadt – ein mystischer Anblick. Die Adler allerdings, die über den nur schemenhaft zu erkennenden Bergen kreisen, entpuppen sich beim Blick durch das Fernglas als Geier. Einst gab es viele Wildtiere wie Giraffen, Nilpferde, Elefanten, Antilopen, Nashörner, Löwen, Leoparden, Luchse, Schakale, Hyänen und daneben auch zahlreiche Affenarten. Doch die einst vielfältige Tierwelt ist durch den Menschen bereits stark dezimiert worden als Folge der vielen Hungerszeiten.
Wir sind wieder auf der Strecke nach Axum. Es ist schon spät am Nachmittag und ich habe genügend Zeit, um weiter in der Geschichte zu graben. Mit der Eröffnung des Suezkanals 1869 wird die Küste des Roten Meeres auch für europäische Mächte als Kolonialgebiet zunehmend interessant. Italien konzentriert seine Aufmerksamkeit auf Äthiopien. 1872 nimmt es Aseb ein, und 1885 Massawa. 1889 schloss Kaiser Menelik II. mit den Italienern einen Friedensvertrag. Aber schon 1895 bricht ein Krieg zwischen den beiden Ländern aus, im Laufe dessen ein Jahr später die italienischen Truppen besiegt werden. Meneliks Nachfolger, Kaiser Lidsch Iyasu (1913-

1916), wird zugunsten seiner Tante entmachtet, die zur Kaiserin Zauditu gekrönt wird. Ihr folgt 1930 Haile Selassie I. auf den Thron. Äthiopien wird Mitglied des Völkerbundes. 1931 erlässt der Kaiser die erste Verfassung Äthiopiens.

Landschaftlich bietet sich uns das gleiche Bild wie am Vormittag. Jeder halbwegs begehbare Flecken Erde ist beackert, ein Dorf reiht sich an das nächste. Dazwischen immer wieder Streusiedlungen. Kleine Meerkatzen huschen in den Bäumen umher, ein Wiedehopf fliegt vor uns auf und die Kuhherden am Wegesrand werden immer größer. Es gibt keine Zäune hier und Kinder hüten die Tiere. Je höher sich die Straße windet, desto steiniger werden die Äcker. Kein Mensch käme bei uns auf die Idee, durch diese Steine einen Pflug zu ziehen. Wir finden einfach keinen Platz für die Nacht. Es ist alles nicht so einfach wie gedacht. Es wird dunkel und unsere Lage ist schlecht. Die Ortschaft Debark liegt hinter uns und wir wissen nicht wohin. Einsam liegen linker Hand große Gebäude und ein freier Platz mit schönen Bäumen davor. Wir fahren unter einen der Bäume und schon nähert sich ein Mann in Uniform. Es handelt sich hier um eine Kaserne mit Sportplatz. Die Nacht ist mondhell und die Verständigung reicht so weit, um zu erklären, dass wir morgen früh wieder abfahren. Dann ist alles „Ischee" was auf Amharisch soviel heißt wie o.k. Ein ereignisreicher und anstrengender Tag geht zu Ende.

Wer an der Küste bleibt, kann keine Ozeane entdecken. (F. Magellan)

Samstag, 7. April 2001
Wolkefitpass in Wolken

Sehr früh sind wir auf den Beinen und verlassen um 6 Uhr den Platz, ehe noch jemand aufsteht und uns Ärger macht. Eben ist es Tag geworden und schon strömen die Menschen auf die Felder.

Frauen beim Abtransport von Brennmaterial (Kuhfladen)

Kinder kehren mit gefüllten Wasserbehältern zurück. Der Morgen ist kühl und alle sind fest in ihre Umhänge eingewickelt. Es ist unglaublich, in welchem Tempo die Menschen hier große Wegstrecken zurücklegen und dabei noch schwere Lasten tragen. Dicke Leute habe ich noch keine gesehen, Verhungernde auch nicht, obwohl sicherlich viele Hunger haben. Eines der großen Probleme ist das Wasser, da es, wenn vorhanden, oft verschmutzt ist.

Die Ortschaft Debark ist Ausgangspunkt für die mehrtägige Trekkingtour auf den höchsten Berg von Äthiopien. Der Ras Dashen ist 4.620 Meter hoch und der vierthöchste Berg in Afrika. Allerdings kann man auch via Geländewagen und Permit in den Simeon Mountains Nationalpark fast bis auf den Gipfel des Ras Dashen fahren. In Debark reiht sich wieder Hütte an Hütte und ein Lädchen drängt sich an das nächste Lädchen. Dunkel und dubios sehen sie alle aus. Im Sortiment sind sie beschränkt auf Tomate in der Dose und trockene Bohnen, verschiedene Gewürze. Alles ist vergilbt und abgestanden. Unbezahlbar für eine normale Familie sind die in verblasstes rosa gekleideten Püppchen und die in hartes Cellophan gepressten Spielzeugautos. So manche Kinderträume verstauben hier. Die Kinder auf dem Land kennen Spielzeug wie bei uns nicht. Sie bekommen schon früh Verantwortung übertragen. Die Buben müssen vorwiegend Ziegen hüten und auf dem Acker helfen. Die Mädchen sind meist zuständig fürs Wasserholen oder begleiten die Großmutter.

Ein Menschenstrom strebt auf eine Kirche am Berghang zu. Alle haben die ehemals weißen Umhänge übergeworfen. Die Männer und Frauen beten getrennt.

Der Wolkefitpass mit einer Höhe von 3.200 Metern macht seinem Namen alle Ehre und zeigt sich dunstig und bewölkt. Das gefällt uns natürlich nicht, denn die Landschaft soll sehr reizvoll sein. Die Straßenführung lässt erahnen, wie spektakulär das Umfeld hier aussieht. In scharfen Serpentinen geht es aufwärts und wieder abwärts, dann reißen die Wolkenschleier auf und die von unzähligen Bergkegeln gespickte Landschaft liegt vor uns.

Wir halten und schon finden sich Menschen ein, die uns schweigend aus nächster Nähe beobachten. Das ist richtig ungemütlich und kaum das sich der Landy in Bewegung setzt, fangen die Kinder mit dem lautstarken „You, you, you!"-Rufen an. Da sich diese Situation eigentlich überall und bei jedem Halt so darstellt, zerrt das an unseren Nerven.

Es ist dunkel, als wir den tiefsten Punkt einer Kiesgrube zwischen zwei Ortschaften anfahren, um zu lagern. Der Mond steht voll am Himmel und nur eine dicke Wolke schiebt sich davor. Prompt regnet sie sich aus. Si-

cherheitshalber parken wir das Auto anders, denn das Wasser sammelt sich bereits unter den Rädern.
Die ganze Nacht höre ich aus den Dörfern die lauten rhythmischen Trommeln und die einförmigen Gesänge. Morgen ist Palmsonntag und heute Nacht beginnen die Feierlichkeiten für die Osterwoche. Uwe hört das alles nicht, er schläft sehr gut heute Nacht.

Das ist das Angenehme auf Reisen, dass auch das Gewöhnliche durch Neuheit und Überraschung das Ansehen eines Abenteuers gewinnt. (J. W. Goethe)

Sonntag, 8. April 2001
Palmsonntag in Axum

Am Morgen mischen sich die Spätheimkehrer des Festes mit den Frühaufstehern des Sonntags.
Am Straßenrand liegen immer wieder Überreste vom Krieg. Panzer und Geschütze verrotten in den Äckern, es wird einfach drum herum gepflügt. Wie schon kurz erwähnt, Italien hatte hier im Land Flagge gezeigt und unter dem Diktator Benito Mussolini erwachte das italienische Interesse an Äthiopien erneut.
1935 marschiert Italien in Äthiopien ein. 1936 ruft Mussolini Italiens König Viktor Emanuel III. zum Kaiser von Äthiopien aus. Haile Selassie wird gezwungen, das Land zu verlassen. Er geht nach England ins Exil. 1941 kommt er mit Hilfe britischer und äthiopischer Streitkräfte erneut an die Macht. Mit dem Vertrag von 1947 soll innerhalb eines Jahres eine Lösung für die ehemaligen italienischen Kolonien, darunter Eritrea, gefunden werden. Damit wird ein Problem vorprogrammiert. Die Eritreische Befreiungsfront formiert sich und es beginnt ein ständiger Konflikt, der erst 30 Jahre später zum Sturz der äthiopischen Regierung und zur Unabhängigkeit Eritreas führt. Damit nicht genug, im Zuge des lang schwelenden Grenzstreites zwischen Äthiopien und Somalia kommt es 1964 zu einer kriegerischen Auseinandersetzung. 1965 folgt ein Zusammenstoß mit dem Sudan.
Nach soviel geschichtlichen Kriegswirren brauchen wir eine Stärkung. In der Ortschaft Inda Silase befindet sich eine Tankstelle und es gibt Kaffee. Die Zubereitung erfolgt nach dem traditionellen Zeremoniell. Erst werden die grünen Bohnen geröstet, dann darf man an ihnen riechen, schließlich werden sie mit dem Mörser klein gerieben und in der Blechkanne auf Holzkohlefeuer dreimal aufgekocht. Ein Stöpsel aus Stroh verschließt den

Schnabel der Kanne, um den Kaffeesatz zurückzuhalten. Zum Kaffee wird ein Bissen Brot gereicht. Eine Handvoll Weihrauch wird ins Feuer geworfen und uns zugefächelt. Gekostet hat dieser spezielle Kaffeegenuss nichts, er war im Dieselpreis inbegriffen.

Axum ist ein Glaubenszentrum und heute ist Palmsonntag, den feiern die orthodoxen Christen sehr ausgiebig. Viele Pilger sind vor Ort und da es sich gehört, Almosen zu geben, kommen die Bettler heute auch zu ihrem Anteil. Wir wohnen der Feier einige Zeit bei und lauschen den uns völlig fremdartigen Gesängen.

Axum liegt auf etwa 2.100 Metern Höhe und befand sich unter König Ezana (325-355) zur Zeit des Reichs von Axum auf seinem Höhepunkt der Macht. Auf den Stelen wird von seinen Feldzügen in das Gebiet des zerfallenen meroitischen Reiches berichtet (Sudan, Pyramiden von Meroe, bei denen wir schon waren). Es heißt aber auch, dass die Stelen Teile von Grabbauten sind. Im 7. Jahrhundert beginnt der allmähliche Niedergang des Reichs von Axum und im 10. Jahrhundert erfolgt die Zerstörung durch die jüdische Königin Judith. Ihr folgt die Zagwe-Dynastie, doch davon später mehr in Lalibela.

Der Festplatz rund um die Kirche schließt verschiedene Bauwerke mit ein, die durch enge Gassen und finstere Gänge verbunden sind. In ihnen drängen sich die Menschen in alle Himmelsrichtungen. Die einen um wegzugehen und die anderen, um zielstrebig auf dem Hauptplatz anzukommen. Die ganze Atmosphäre ist feierlich und sehr mystisch. Von weither sind die Menschen gekommen, um der würdevollen Prozession beizuwohnen. Prächtige Gewänder werden von den Priestern getragen. In bunten Farben leuchten die Schirme, unter denen die geistlichen Würdenträger schreiten. Die fremdartigen Gesänge und für uns unverständlichen Handlungen ziehen sich den ganzen Vormittag hin. Die Luft ist Weihrauch geschwängert und die Menschen strahlen glücklich und gelöst.

Die Stelen, diese phantastisch großen Steine, liegen etwas abseits. Die mächtigste Stele ist 33,50 Meter hoch und 520 Tonnen schwer. Sie ist schon während der Errichtung wieder umgestürzt.

Ein kleiner Markt, bei dem es allerlei Krimskrams zu kaufen gibt, schließt sich an. Die Verkäufer sind unaufdringlich und eine sehr angenehme Stimmung herrscht. Einige UN-Fahrzeuge fahren durch die Straßen. Die Kinder sind fröhlich und an Touristen gewöhnt. Erstmals sehen wir junge Mädchen in Jeans und T-Shirt. Axum gefällt uns ganz gut und einen Augenblick lang überlegen wir, die Nacht hier zu verbringen. Das Tena Hotel hoch über der

Stadt bietet auch Stellplätze für Autos, es muss aber ein Zimmer dazu gemietet werden.
Der Nachmittag bricht an, die Menschenmenge, welche der Prozession beigewohnt hat, zerstreut sich in Windeseile. Nochmals zieht uns die unwiderstehliche Atmosphäre durch die Gassen und schließlich in ein einheimisches Lokal zum Nationalgericht Injera. Ein säuerlicher Pfannkuchen aus Teff (ertragsarme Getreidepflanze) mit scharfen Soßen und Gemüse, dazu Bier. Nach der Fastenzeit, die am Sonntag in einer Woche mit Ostern endet, gibt es zu diesem Fladen dann wieder Fleisch. Das Flair der Stadt legt sich genauso schnell, wie sich die Menschenmassen und der Weihrauch zerstreuen. Die Hinterlassenschaften bewegen uns dazu, sofort abzureisen. Drei Tage lang haben die Pilger hier gelagert, der ganze Platz gleicht einer öffentlichen Toilette. Aber vielleicht stammt der Unrat, welcher die Straßenränder und Plätze im Ort verunreinigt, ja von Tieren. Das ist uns egal, wir erwerben noch einen Kasten Bier und verlassen Axum in Richtung Adwa.
Ein freundlicher Ort, hier ist Textilindustrie angesiedelt. Die Straße führt den Berg hoch und das Plateau öffnet sich. Hier befindet sich das große Lager einer Hilfsorganisation. Große Menschenmassen drängen sich um die Zelte, welche Oktoberfest-Bierzelt-Größe haben. Die Kinder sagen nicht mehr „You", sondern „Hungry", sehen dabei aber alle gut genährt aus. Die Äcker und Felder um den Ort sind nicht bestellt, Brennnesseln gedeihen. Die Menschen konzentrieren sich um das Gelände, an dem die Hilfsgüter lagern. Einmal im Monat wird Getreide verteilt.
Nur wenige Kilometer weiter finden wir einen Platz für die Nacht. Natürlich bleiben wir nicht ungestört, wir haben aber den Schutz der Nacht. Spätestens bei Dunkelheit gehen die Besucher nach Hause.

Die Heimat des Abenteurers ist die Fremde. (E. Gött)

Montag, 9. April 2001
Verzweifelte Suche nach der Danakil Depression

Schon wieder ein Besucher am Morgen und neugierige Blicke, die sich aus nächster Nähe auf mein Marmeladenbrot heften. Ich biete dem Mann die Hälfte von meinem Brot an. Vorsichtig riecht er daran, die Mimik bleibt unverändert. Dann beißt er ein Stück ab und verzieht das Gesicht, als ob ich ihn vergiften wollte. Es schmeckt ihm überhaupt nicht, das hat er sich ganz anders vorgestellt. Die leeren Konservendosen und Marmeladengläser gefallen ihm, glücklich zieht er damit ab.

Weiter geht es hoch und wieder runter, ungezählte Höhenmeter und auch Kilometer werden zurückgelegt. Die Luftlinie betrachtet ist es nicht weit nach Mekele, aber die Schlangenlinien durch die Berge kosten Zeit. Eigentlich sollte dieser Weg eine Abkürzung sein. Endlich ist die Hauptverbindungsstraße Addis Abeba – Adigrat erreicht und damit ein erholsames Stück Teerstraße bis Wikro. Hier stärken wir uns mit Kaffee, versorgen uns mit Brot und sehr leckerem Kuchen.

Dann starten wir die Suche nach der Danakil Depression. Wieder und wieder befragen wir verschiedene Leute und bekommen genauso viele verschiedene Antworten. Das amüsiert uns – noch! In der Danakil Depression werden die heißesten Temperaturen auf der Erde gemessen und stellenweise befindet sich das Gelände auf über hundert Metern unter dem Meeresspiegel. Salz wird gewonnen und mit Kamelkarawanen in das Hochland gebracht. Sogar Vulkane sind hier noch tätig, was wir gerne sehen möchten. Den Stämmen, den Danakil und Afar, die in den Ausläufern der Danakilwüste leben, werden ein hohes Maß an Aggressivität nachgesagt.

Es gibt viele verschiedene Stämme im Land. Zum Beispiel die Amharen, ein Hochlandvolk, das auf die Einwanderung semitischer Stämme in vorchristlicher Zeit zurückgeht. Neben ihnen gibt es die Tigre, Gurage, Harrar, die Oromo (oder Galla), die Somali, die Bedja, die Sidamo und schließlich leben hier auch Schwarzafrikaner. Weitere Ethnien sind Jemeniten, Inder, Armenier und Griechen. Daraus resultieren über 70 Sprachen, Amharisch ist die Amtssprache des Landes. Die Zeitrechnung in Äthiopien richtet sich nach dem koptischen Kalender. Dieser weist eine Abweichung von sieben Jahren im Vergleich zum gregorianischen Kalender auf, sodass das Jahr 2001 nach unserem Kalender in Äthiopien auf 1994 datiert wird. Um Jahre jünger sind wir hier. Daneben beginnt der 24-Stunden-Zyklus des Tages mit dem Aufgang der Sonne und nicht um Mitternacht. Daran müssen wir uns gewöhnen, falls wir eine Verabredung haben. Soweit ist es aber noch nicht. Wir suchen lediglich nach diesem tiefsten Punkt. Eine vielversprechende Information führt uns genau in die andere Richtung. Die Gegend verändert sich sehr, mit ihr die Wohnbereiche. Die Häuser gleichen kleinen Burgen. Sie sind von einer Mauer umgeben, wobei die Rückseite der Hütte einen Teil der Mauer bildet. Ein kleiner Garten ist mit eingefriedet, und für die Tiere gibt es überdachte Plätze in diesem Innenhof. Der Futtervorrat an Heu befindet sich auf dem Dach, sodass jedes Gehöft einen oder sogar mehrere gelbe Türme hat. Zum Heizen verwendet man hier Dungfladen, die erst zum Trocknen an der Hauswand kleben und danach fein säuberlich zu einem Schober aufgeschichtet werden. Alles ist sehr sauber und ordentlich, kein Müll fliegt herum und sogar einige kleine hübsche Gärten wurden angelegt. Große Kakteen zieren den Wegrand und fassen die Grundstücke ein. Die Anwesen sind weit verstreut, es gefällt uns ausnehmend gut hier, rein landschaftlich gesehen. Aber wir finden einfach den Weg in die Danakil Depression nicht. Die Informationen der Einheimischen werden jetzt immer widersprüchlicher. So geben wir nun nach stundenlangem Suchen ehrlich entnervt auf. Der Tag neigt sich dem Ende zu und die Übernachtung in der Danakil Depression fällt aus. Ein alter Weg bietet einen Stellplatz und so richten wir uns auf 2.600 Metern für die Nacht ein. Nur wenige Minuten vergehen und die ersten Menschen sind da. Sie legen sich einige Meter entfernt auf den Boden und schauen zu, was wir so machen. Ein eisiger Wind pfeift und die Besucher ziehen sich bald wieder zurück. Wie schön einen guten Schlafsack zu haben, die Nacht wird kalt.

Durchschweife frei das Weltgebiet, willst du die Heimat recht verstehen. Wer niemals außer sich geriet, wird niemals gründlich in sich gehen. (P. Heyse)

Dienstag, 10. April 2001
Paradies am Aschangisee

Keine Wolke verdeckt die Sterne und der abnehmende Mond verschwindet erst bei Sonnenaufgang. Klar und zum Greifen nahe liegt das Tal unter uns, es bietet sich eine super Aussicht auf den Ort Wikro, dessen Lichter nachts zu sehen waren. Es ist früh am Morgen und die Menschen gehen eilig vorbei. Das Frühstück findet im Fond vom Landy statt, da es bitter kalt ist. Auf einer abenteuerlich angelegten und erneuerten Straße schlängeln wir uns hinab nach Wikro. Am Ortsausgang verteilt das Militär, im Auftrag der Welthungerhilfe, wieder Getreide in Säcken, auf denen der Schriftzug USA prangt. Die leeren Getreidesäcke werden zu allem Möglichen weiterverwendet. Taschen, Beutel und Planen entstehen daraus. Nähen ist hier Männerarbeit.
Die Felder rings um Wikro liegen alle brach und sind mit Unkraut zugewachsen. Obwohl sie größtenteils eben sind, ist niemand auf den Äckern zu sehen. Dafür sind die Kaffeebars voll. Kaffee ist immer noch das dominierende Erzeugnis, von dem die Wirtschaft des Landes in starkem Maß abhängt. Möglicherweise hat die Kaffeepflanze in Äthiopien ihren Ursprung.

Es wird angenommen, dass der Name aus der äthiopischen Region Kaffa stammt, in der es wild wachsende Kaffeesträucher gibt. Fast ein Viertel der Bevölkerung ist in der Kaffeeproduktion beschäftigt.

Traditionelle Kaffeezubereitung in Äthiopien

Bodenschätze, die teilweise zutage treten, werden abgebaut. Prägend für das Land ist aber die Landwirtschaft. In flacheren Gegenden baut man in Großbetrieben, von denen viele von der Regierung geleitet werden, Zuckerrohr, Baumwolle, Früchte und Gemüse an. Periodisch auftretende Dürren reduzieren immer wieder das Erntevolumen erheblich und zwingen den Staat, Grundnahrungsmittel zu importieren. Außerdem hat der Bürgerkrieg (1962-1992) die Infrastruktur weitgehend zerstört und damit die Verteilung der Lebensmittel nachhaltig kompliziert.
Bauarbeiten an der Straße erschweren die Weiterfahrt sehr. Die Gegend ist nicht ansprechend und erst ab Kwiha beginnt der landschaftlich schöne Teil.
Unseren Abstecher nach Axum haben wir uns reiflich überlegt. Kap der Guten Hoffnung heißt unser Ziel und nun sind wir tagelang in die entgegengesetzte Richtung gefahren. Aber, um es mit Uwes Worten zu sagen, es hat sich richtig gelohnt, in den Norden Äthiopiens zu fahren.

Von den Passhöhen bieten sich weite Ausblicke über das grüne Land. Die Gegend hier ist fruchtbar. Im Gegensatz zu anderen Landstrichen strengen sich die Menschen hier an, das Beste aus dem Boden herauszuholen.
Vielerorts tragen die Bewohner Schirme mit sich, um sich vor der Sonne und dem Regen zu schützen. Fast jeder Mann hat auch eine Waffe umgehängt.
Die Ortschaften wirken allesamt nicht besonders hübsch. Aber es ist durchwegs ordentlich und überall gibt es einen Big Tree. Unter diesen großen Bäumen werden die Versammlungen abgehalten. Es gibt kleine Blechbuden, die als Geschäftsräume fungieren. Hier findet sich nur ein sehr eingeschränktes Sortiment. Die obligatorische Tomatendose und einige Stücke Seife, hier und da etwas Kram, das war es dann aber auch schon.
Wir befinden uns auf 2.700 Metern Höhe. Als wir sehen, dass hier gerade Karotten geerntet worden sind, wollen wir uns diese günstige Gelegenheit nicht entgehen lassen. Es ist ein kleines Abenteuer, die Karotten zu kaufen. Kaum halten wir mit dem Landy an und haben unser Interesse bekundet, schon hängen mehrere Hände voller tropfnasser Bündel Karotten zum Autofenster herein. Ich schimpfe, da mir die triefenden Karotten ins Gesicht gedrückt werden. Zwei Bündel kaufe ich schließlich und lasse leider viele enttäuschte Gesichter zurück. Obst gibt es auch. Es hat jeweils das gerade Saison, was auf den Äckern geerntet wird.
Auf 2.500 Metern liegt der Aschangisee, eine fruchtbare Oase. Unzählige Kühe, Schafe und Ziegen brauchen den größten Teil des Areals als Weidegrund. Wieder führt die Straße hoch auf den nächsten Pass und in Korem nehmen wir die Abzweigung nach Sekota, in der Hoffnung, auf weniger besiedeltes Gebiet zu kommen. Das tritt zwar nicht ein, aber ein frisch geschobener Weg bietet uns eine Übernachtungsmöglichkeit.
Ein großzügiger Blick über das Tal öffnet sich von hier aus, während hinter uns der Berg steil hochragt. Wir fühlen uns hier sehr unbeobachtet und ich bin gespannt, ob das tatsächlich so bleibt.

Trudele durch die Welt. Sie ist so schön; gib dich ihr hin, sie wird sich dir geben. (K. Tucholsky)

Mittwoch, 11. April 2001
Pässe im Hochland

Gestern Abend kam erstmals kein Besuch und die Nacht war erholsam und ruhig. Das ist ein sicheres Indiz dafür, dass es auch am Morgen ruhig bleibt.

Es scheint heute wohl ein besonderer Tag zu werden. So ist es nur ein einzelner Mann, der sich die Mühe macht, zu uns hochzusteigen. Er zeigt uns stolz, dass er lesen und schreiben kann – auf Amharisch versteht sich. Dann geht er auch wieder und wir verbringen volle zwei Stunden damit, das Auto auszuräumen und abzustauben. Erstmals stehen wir bei Tag an einem Platz und werden zwei Stunden lang nicht besucht. Die Menschen hier sind nicht so zahlreich. Die Dörfer liegen weiter verstreut und nur wenige Reisende kommen hier vorbei. Damit sind die Negativfolgen des Tourismus hier noch nicht verbreitet. Die zurückhaltenden Bewohner betteln nicht, obwohl sie ärmer sind als die Menschen, die an den Touristenrouten leben. Die Hirtenkinder haben meist nur ein langes Oberteil an. Die Hosen der Männer bestehen nur noch aus Flicken und gegerbte Felle dienen dem Schutz vor dem Wind. Die Frauen tragen schöne, kunstvolle Frisuren. Das Haar wird zu unzähligen Zöpfen geflochten, die ganz eng am Kopf anliegen. Die Bevölkerung in dieser Gegend lebt unter schwierigen Bedingungen. Selbstversorgung und Tauschgeschäfte bestimmen den Lebensunterhalt. Große Vorräte werden nicht eingelagert. Wenn dann der Regen ausbleibt, ist die Ernährungssituation sofort schwierig. In vielen Orten gibt es neu erbaute Schulen. Auf Projekttafeln wurden in Englisch und Amharisch die ausländischen Geldgeber sowie der Name des Ortes verewigt. Eilig sind die Kinder aller Jahrgänge unterwegs zur Schule.

Der Brunnen des Ortes bietet sich an, um Wasser zu holen. Freundlicherweise dürfen wir wieder einmal vorgehen. Ein junger Kerl lässt es sich nicht nehmen, uns die Handpumpe zu bedienen. So schnell können wir gar nicht schauen, wie unsere gefüllten Wasserkanister von weiteren fleißigen Händen den Berg hoch zum Auto getragen werden. Diese Hilfsbereitschaft freut uns sehr. Eine Traube Menschen bildet sich sofort wieder um uns. Sie sind alle unaufdringlich, ja geradezu scheu und freundlich. Nicht zum ersten Mal erleben wir soviel höfliches Entgegenkommen. Die Leute sind sehr herzlich und schließlich verlassen wir die Wassertankstelle, ohne dass von uns auch nur ein Birr oder ein Kugelschreiber gefordert wurde. Nicht nur die Menschen, sondern auch das Land und die Witterung zeigen sich heute von ihrer besten Seite. Wir haben eine klare Sicht und genießen immer wieder einen traumhaften Ausblick, während wir zwischen 2.000 und 3.000 Metern über dem Meer durch die Berge kurven. In Sekota trinken wir Kaffee und bekommen Hilfe bei der Suche nach Brot, auch hier wieder ein Freundschaftsdienst. Ein Vater schickt uns seinen Sohn mit, der auch wieder partout keine Belohnung nehmen will.

Auf dem Weg nach Lalibela liegt der Mount Abune Josef mit 4.190 Metern. Die 130 Kilometer bis Lalibela beanspruchen wegen der vielen bergauf und bergab führenden Passagen sowie reichlich Kurven eine Fahrzeit von 4 bis 5 Stunden. Die Fahrt durch die abwechslungsreiche Berglandschaft ist für jeden Naturliebhaber ein einzigartiges Erlebnis. Pflanzen eifern mit ihren Formen und Farben nach jeder Kehre um die Wette. Das aufregende „You, you, you!" war heute den ganzen Tag nicht zu hören und ohne viel Federlesens finden wir einen ruhigen Platz für die Nacht.

Und wer, wie ein Zugvogel, Rettung sucht durch den Wechsel des Ortes, der findet sie nicht, denn für ihn ist die Welt überall gleich. (A. P. Tschechow)

Donnerstag, 12. April 2001
Orthodoxe Hochburg Lalibela, Honigwein und einheimisches Bier

Ein Sturm mit heftigen Böen hat nachts am Zelt gezerrt. Bis zum Morgen hat sich das Wetter wieder beruhigt, sodass das Frühstück in der wärmenden Sonne stattfindet. Nur noch 30 Kilometer bis Lalibela. Um 10 Uhr vormittags treffen wir dann in der Stadt ein, geben die Post auf und telefonieren nach Hause. Das Gespräch zum Festpreis, drei Minuten für 5 US-Dollar, wird über zwei Apparate vermittelt. Es dauert alles lange, dafür ist die Freude umso größer, als ich die Stimmen der Daheimgebliebenen höre.
Für 40 Birr dürfen wir im Hof des Olive Hotels parken und eine Toilette sowie Dusche benutzen. Der Hof ist schön, und das Hotel gehört zu den besten im Ort. Dann machen wir uns auf den Weg zu den Felsenkirchen, für die Lalibela berühmt ist. Mit viel Mühe gelingt es uns immer wieder die sich anbietenden Führer abzuschütteln, aber kaum gibt einer entnervt auf, versucht der Nächste sein Glück. Der Eintritt beträgt 100 Birr (8 Birr = 1 Euro) pro Person, dazu kommt noch ein Führer, ohne den man fast nicht in den Komplex reinkommt.
Wir spazieren durch den Ort und verschaffen uns einen Überblick. Am Ende des Dorfes werden Säcke mit Getreide verteilt und von hier erhaschen wir einen kurzen Blick auf eine der Kirchen inmitten der Felsen. Alles sieht geheimnisvoll aus und es reizt uns sehr, möglichst bald dort hinzukommen. Während Uwe sich beim Friseur rasieren lässt, erzählt uns ein Student allerlei rund um die Kirchen und will uns einen billigen Führer besorgen. Morgen findet die Karfreitagsprozession statt. Es ist eine besondere Gele-

genheit, diese mitzuerleben, zumal Lalibela eine der Hochburgen der orthodoxen Kirche ist.

Unser junger Führer erscheint. Er heißt Seth und wird uns die Felsenkirchen zeigen. Er hält uns natürlich als Erstes die anderen Führer vom Leib und weist außerdem die Kinder und allzu aufdringlichen Bettler in die Schranken. Seth wirkt wie ein Schutzschild und wir können halbwegs in Ruhe die phantastischen Bauten bestaunen. Seth hat ein großes Wissen. Sein Englisch bedarf etwas der Gewöhnung, aber geduldig erklärt er uns Verschiedenes auch ein zweites Mal.

Eine von 14 Felsenkirchen in Lalibela

So tauchen wir ab in die unterirdischen Kirchen und Grabkammern, die kühl und dunkel aber nicht beängstigend oder beklemmend sind. Immer wieder luftige Ausblicke und geheimnisvolle Gänge. Die Kirchen dürfen nur barfuß betreten werden, sie sind mit einfachen Teppichen und Matten ausgelegt. Schuhe, die sich schnell an- und ausziehen lassen, sind hier von großem Vorteil. In der Nacht von Samstag auf Ostersonntag ist es den Pilgern erlaubt, in den Kirchen zu schlafen. Die Stimmung an diesem Tag ist unvergleichlich. Überall werden uns die mit Edelsteinen und Silber reich verzierten Kreuze gezeigt. Jede Kirche hat ihr eigenes Kreuz und jedes seine eigene Geschichte.

Es ist erschreckend, was für ein Elend sich an diesen heiligen Plätzen gesammelt hat. Unglaublich viele Kranke, Alte, und verkrüppelte Menschen sind hier versammelt, wo die Gläubigen passieren. Müde leere Augen suchen den Blickkontakt und knochige Hände strecken sich mir entgegen. Schweigende Münder in ausgezehrten Gesichtern, höre ich Vorwürfe? Tiefe Betroffenheit ist in mir. Das Staunen über die Pracht der Felsenkirchen mischt sich mit dem Anblick einer harten Realität die da heißt Hunger, Elend und Kampf um das nackte Überleben. Beruhigt der Gedanke an Schicksal und Gottergebenheit die tiefe Trauer, das Gefühl der Hilflosigkeit und das schlechte Gewissen? Nein! Aber es ist für uns unmöglich, jedem bedürftigen Mensch zu helfen.

Die Kinder im Dorf fragen wahllos nach allem, was wir am Körper tragen. Sie sind gut genährt und interessieren sich besonders für unsere Armbanduhren. Seth ist auch morgen für uns da, denn wir können nicht 14 Kirchen auf einmal besichtigen. Er organisiert, auf unsere Bitte hin, einheimisches Bier. Eine Flasche Honigwein für meinen süßen Uwe ist auch bestellt. Moderne Musik lärmt von den Bars zum Hotel herauf, während wir uns auf den Honigwein „Tedj" freuen. Er bitzelt wie ein Suser, richtiger Wein ist es aber nicht. Meine Geschmacksnerven zeigen sich von diesem Getränk wenig begeistert und Uwe hat die Flasche für sich. Das einheimische Bier hat bei uns beiden schon den Geruchstest und die Augendiagnose nicht bestanden. Es ist kein Bier, so wie wir es kennen, sondern eine dunkle, graue, mit kleinen Teilchen durchzogene Flüssigkeit. Einmal nippen und runterschlucken muss aber sein. Der Nachtwächter freut sich sehr über diese Extraration und wird jetzt bestimmt besonders gut auf uns aufpassen. Morgen früh um 8 Uhr wird Seth kommen, um uns abzuholen, zum zweiten Teil unserer Besichtigung der Felsenkirchen. Der heutige Tag hat einen starken Eindruck bei uns hinterlassen.

Was wir in Welt und Menschen lesen, ist nur der eigene Widerschein.
(T. Fontane)

Freitag, 13. April 2001
Karfreitag in einer anderen Welt

Die Nacht war laut und schon am frühen Morgen setzt die gleiche Betriebsamkeit wie am Vortag ein. Seth hat viele Geschwister und sorgt schon mit für den Unterhalt der Familie. Die beste Altersversorgung sind hier möglichst viele Kinder, in der Hoffnung, dass sie später die Eltern versorgen.

In den Kirchen werden Messen gehalten, und wir lauschen den Gebeten und traurigen Wechselgesängen. Alles ist sehr andächtig und eine ernsthafte Karfreitagsstimung herrscht an allen Plätzen. Glöckchen werden geläutet, die Bilder der Heiligen mit Parfum besprizt, und große Mengen Weihrauch geschwenkt. Dies alles zusammen vermischt sich mit den Ausdünstungen der vielen Menschen, die tagelange Wanderungen hinter sich haben. Ein sonderbarer satter, unbestimmbarer Duft, den wir vorher noch nie in der Nase hatten, hängt schwer über dem ganzen Geschehen. Viele Menschen drängen sich in den Kirchen und beten bis zur Erschöpfung, was mit fortlaufendem Aufstehen und Niederknien einhergeht. Böden, Türschwellen und Türrahmen werden achtungsvoll geküsst. Wir halten uns im Hintergrund, um die Gläubigen nicht zu stören. Ein stockfinsterer Gang mit einem vagen Lichtschein am Ende symbolisiert den Weg von der Hölle zum Himmel. Wir stolpern durch die Finsternis auf das Licht zu und stehen vor dem nächsten starken Eindruck. Eine riesige Steinrampe ragt in den stahlblauen Himmel, sie stellt den Weg ins Paradies dar. Eine herrliche Symbolik in einer erstaunlichen Größenordnung. Ohne Seil und Haken gibt es allerdings kein Hinaufkommen auf den Weg ins Paradies.
Eingefangen von dieser feierlichen und ernsthaften Stimmung lassen wir uns weiterführen zu den Taufbecken. In den bis zu sieben Meter tiefen Becken wächst langes Gras, das am Karfreitag geschnitten wird. Am Ostersamstag werden die langen Halme unter den Gläubigen verteilt. Sie werden als symbolische Dornenkrone auf dem Haupt getragen. Wir sind angetan von der tiefen Gläubigkeit der Menschen und der Inbrunst, mit der sie den Glauben leben. Die Mystik und Bauweise der einzelnen Denkmäler kann man nicht mit wenigen Worten schildern. Schon gar nicht die Geschichte des Königs Lalibela, der zur Zagwe-Dynastie gehörte, im 12. und 13. Jahrhundert gelebt hatte und all dies errichten ließ. Allerdings geht das Gerücht um, dass ihm die Engel beim Bau der Kirchen geholfen haben, da sie mehr oder weniger über Nacht entstanden sein sollen. Die Zagwe-Dynastie folgte auf das Königreich von Axum.
Eine lange Mittagspause gibt uns Zeit, die Eindrücke zu verdauen. Um 16 Uhr gehen wir nochmals zu den Kirchen, um der Karfreitagsprozession beizuwohnen. In allen Kirchen wird gebetet und gesungen. Kerzen und Weihrauch werden abgebrannt, ständig wiederholen sich die Worte und Melodien. Über einen Steg gelangen wir auf die flachen Kirchendächer und betrachten die Prozession von oben. Die Priester werden von bunten Schirmen geschützt und Helfer tragen ein verhülltes Kreuz auf den Schultern durch den schmalen Gang, der um die Kirche führt. Es läuten fein klin-

gende Glöckchen und große tief klingende Trommeln ertönen. Dann und wann ertönt ein dem Posthorn ähnlicher Ton, die Menschenmasse klagt nun mehr, als das sie singt. Das Kreuz wandert auf den Schultern der Menschen in die Kirche zurück und die Kerzen werden auf einen Haufen zu Boden geworfen. Beim Vollziehen des Rituals werden die Flammen mit einigen wilden, fast aggressiv anmutenden Stockschlägen ausgelöscht. Heiterkeit erfüllt plötzlich den Platz und Erdnüsse werden unter der Menge verteilt. Dann löst sich das Spektakel auf und alle gehen nach Hause. Lalibela wird uns in Erinnerung bleiben. Langsam versinkt die Sonne am Horizont und mit dem letzten Tageslicht erreichen wir das Hotel. Eine andere Welt. Kaum sind wir hier oben angelangt, dröhnt wieder die Musik der Disco zu uns hoch.

Wir mögen die Welt durchreisen, um das Schöne zu finden, aber wir müssen es in uns tragen, sonst finden wir es nicht. (R. W. Emerson)

Samstag, 14. April 2001
In 3.000 Meter Höhe Ackerbau und Viehzucht

Um 6 Uhr früh ziehen die Gehilfen der Priester, laut die Glocken läutend, durch das Dorf. Jeder Gläubige erhält einen der meterlangen Grashalme aus den Taufbecken und windet sich diesen als symbolische Dornenkrone um den Kopf. Heute ist der Ostersamstagsmarkt in Lalibela und so strömen aus der Umgebung noch mehr Menschen in den Ort, um Geschäfte zu machen. Wir hingegen reisen weiter. Seth wartet vor dem Hotel und wünscht uns eine gute Reise. Zur Erinnerung schenkt er uns seine Dornenkrone. Diese Geste bewegt uns sehr.
So kurz vor der Auferstehung, dem eigentlichen Höhepunkt des Osterfestes, die Stadt zu verlassen ist eigentlich schade, aber die Zeit drängt und bisher war es wirklich beeindruckend.
Die Route nach Bahir Dar führt auf ein 3.000 Meter hoch gelegenes fruchtbares Hochplateau hinauf. Hier, entlang der Abbruchkante, ist jeder Flecken bebaut und die Dörfer sind voller Leben. Die Gegend ändert sich, sanfte Hügel schwingen sich hoch und auf schönsten Almweiden grasen unzählige Rinder. Immer wieder lesen wir von Hilfsprojekten. Die Felder sind leicht zu bewirtschaften und sehr fruchtbar. Eukalyptusplantagen säumen die Straßenränder, ein reger Holzhandel wird mit der schnell wachsenden Baumart betrieben. Während einer Pause genießen wir den Ausblick über

die 1.000 Meter abfallende Kante und sind nicht lange allein. Schnell scharen sich 10 Kinder um uns.

Fernsicht vom Dach Afrikas

Ich darf ein Schulheft ansehen und bin voll des Lobes. Als die wachen Kinderaugen in den Felsen einige Affen entdecken, freuen sich die Schüler, uns die Tiere zeigen zu können.
Dann öffnet sich die Landschaft. Auf einer Höhe von immer noch 3.000 Metern wird Ackerbau und Viehzucht betrieben. Der Abend naht und die Menschen wandern von den Äckern in ihre Dörfer zurück. Erstmals begegnen uns Reiter mit schönen Sätteln und Zaumzeug. Rote Quasten hängen an den Zügeln und kleine Schellen erklingen bei jedem Schritt. Stolz lassen sich die Männer fotografieren.
Hier an der Strecke befindet sich eine Station des Deutschen Entwicklungsdienstes (DED). Vielleicht bietet sich dort eine Möglichkeit für die Nacht unterzukommen.
Es wäre so schön, noch einen Kaffee zu trinken, aber es ist einfach nicht möglich anzuhalten, ohne in einer Flut von „Give me..." zu ertrinken. Durch Zufall finden wir den DED. Ein Traktor überholt uns und ein Aufkleber mit deutscher Fahne prangt auf dem Kotflügel. Unauffällig folgen wir und werden bemerkt. Der junge Schwarze lotst uns freundlich zum Eingang und stellt uns vor. Wir dürfen im Hof stehen. Die ganze Nacht sind die

Auferstehungsfeierlichkeiten im Gange. Laut und rhythmisch dröhnen die Trommeln, immer fröhlicher klingen die Gesänge. Heftig weht der Wind um das Zelt und die Sterne funkeln vom Osterhimmel.

Es gibt zwei Welten: die wir mit dem Lineal messen können und die Welt, die wir mit unserem Herzen und unserer Fantasie empfinden. (E. Hunt)

Sonntag, 15. April 2001
Regen in Kanada und ein Wiedersehen am Tanasee

Frohe Ostern in Debre Tabor in Äthiopien. Der Projektleiter des DED erklärt uns seine Arbeit. Es ist sehr interessant, aus erster Hand zu hören, wie schwer es den Helfern gemacht wird zu helfen. Die Behörden im Land sind wenig kooperativ, wodurch die Arbeit mit den hier ansässigen, schwierigen Bewohnern nicht gerade leichter wird. Eigentlich verfügt das Land über ein großes Potenzial und man könnte viel mehr daraus machen. Doch es fehlt an Unterstützung und Motivation aufseiten der Obrigkeit. Alles was Europäer machen, wird sehr kritisch beobachtet. Es sei denn, es werden Geldscheine verteilt, das geht schon in Ordnung. Aber dem Volk lehren sich selber zu helfen und umzudenken, das wird durch die Regierung oft mehr erschwert als erleichtert. Die Menschen hoffen auf Regen und zwar in Kanada, denn von dort kommt das Getreide der UN. Wir fragen uns: Was ist passiert? Äthiopien war einmal eine der Kornkammern Afrikas.
Wir sind begeistert von dem grünen Paradies das hier auf dem Gelände des DED in fünf Jahren entstanden ist. Ein herrlicher Garten mit Rosen, Oleander, Holunder, alle möglichen Blumen und natürlich Gemüse gedeihen hier. Der Weg nach Bahir Dar führt hinunter von der Hochebene auf 2.200 Meter. Die Gegend wird flacher, überall sind ordentlich bestellte Getreideäcker am Straßenrand zu sehen und der Mais steht schon fast einen Meter hoch. Schnell erreichen wir auf der guten Straße Bahir Dar und treffen kurze Zeit später, wie verabredet, unsere Freunde. Bei einem Begrüßungsschoppen, unter den großen Bäumen im Garten des Hotels, werden die Erlebnisse der letzten 10 Tage ausgetauscht.

Ich wünsche dir einen breiten Weg und ganz wenige Steine nur. (Polnisches Sprichwort)

Montag, 16. April 2001
Die Herreninsel ist tabu für Frauen

Ein herrlicher Sonnenaufgang über dem See, die Vögel veranstalten ein zauberhaftes Konzert. Beim Frühstück beobachten wir Seeadler auf dem nahen Baum. Als sie eine Schleife fliegen, flüchten die Fischreiher und die Tauben. Die großen Vögel landen wieder auf dem Baum und wir werden Augenzeugen der Begattung.
Das angeheuerte Boot wartet schon am Landungssteg. Die Inseln auf dem See und die verschiedenen Klöster warten auf uns. Die Fahrt zur ersten Insel dauert gerade mal eine Stunde, der Bootsführer legt gekonnt an. Der Weg, auf dem uns dichtes, hohes Buschwerk umfängt, ist sehr romantisch. Das Kloster wird für einen Obolus aufgesperrt. Herrliche Malereien mit Darstellungen aus dem alten Testament schmücken die typische runde Kirche aus. Der innere Bereich ist nur den Mönchen zugänglich. Die Kinder und Inselführer versuchen hartnäckig Geschäfte zu machen. Dasselbe passiert auch beim nächsten Stopp, eine Insel weiter. Das ist schade, da das die Stimmung ganz gewaltig stört. Es ist nicht möglich, auch nur eine Minute irgendwo in Ruhe zu sitzen. Erst auf der Herreninsel wird es ruhig. Frauen haben hier nur Zutritt bis zur Anlegebucht. Der Bootsmann fährt uns noch bis zu den Ausläufern des Blauen Nils. Unser Wunsch, echte Nilpferde zu sehen, erfüllt sich nicht.

Freude gibt unserem Leben Flügel. (T. Hauser)

Dienstag, 17. April 2001
Eine Busfahrt, die ist lustig und eine Bootsfahrt auch

Mit dem öffentlichen Bus machen wir uns auf den Weg zu den Nilfällen. Das altersschwache Gefährt ist voll gestopft mit Menschen. Die einfache, einstündige Fahrt von 35 Kilometern kostet 3,60 Birr. Der Eintritt für die Nilfälle 15 Birr. Eine leichte Wanderung führt bis zur Portugiesenbrücke. Ab hier geht es leicht bergauf, bis sich wenig später der Blick auf die Fälle öffnet. Ein Teil der Wassermassen wird zur Energiegewinnung genutzt. Diese Betonkanäle sind nicht gerade schön, aber zweckmäßig.
Der Weg führt in einer großen Schleife um den Flussarm zu den Fällen. Fast 37 Meter tief stürzt das Wasser. Die Gischt spritzt hoch und Nieselregen fällt vom Himmel. Die Sonnenstrahlen brechen sich in den Wasserschwaden und ein Regenbogen schimmert über uns. Das Wasser, das Sonnenlicht und der Wind zaubern eine stimmungsvolle Atmosphäre. Die Felsen laden ein, darauf herumzukraxeln. Das große Kehrwasserbecken eignet

Ein erster Blick auf die Blauen Nilfälle (Tis Isat Falls)

sich bestens für ein kühles Bad. Allerdings tummeln sich nur Männer im Naturpool, die Frauen halten sich, wegen der vielen Beobachter aller Altersgruppen, diskret zurück.

Ein kühlendes Bad unterhalb der Fälle

Das Wasser kommt aus dem Tanasee hierher und in der Regenzeit ist es um vieles mehr. Dann erstrecken sich die Fälle auf eine Breite von 400 Metern. Auf der großen Schleife, die der Nil durch Äthiopien macht, speisen ihn unzählige Gebirgsbäche.

Um uns den langen Fußmarsch zurück zu ersparen, beschließen wir den Nil oberhalb der Fälle mit dem Boot zu überqueren. Ein Papyrusboot liegt am Ufer, aber allzu einladend sieht es nicht aus. Wie eine flache Badematte dümpelt es auf den Wellen. Es dauert einige Zeit, bis das richtige Boot vom anderen Ufer kommt. Unser Kapitän ist aus Ghana und bekommt in zwei Monaten 400 Birr. Auf die Frage, warum sie keinen Äthiopier für diese Arbeit haben, kommt die ernsthafte Antwort: „Das können die nicht." Da soll wohl ein großer Bär auf den Touristenbuckel aufgebunden werden. Der Nil hat hier eine starke Strömung, vertrauensvoll steigen wir zu dem Fährmann aus Ghana ins Boot. Von einem winzig kleinen Manöverfehler abgesehen, bei dem unser Boot die Bäume am Ufer rammt und das Verdeck des Bootes von vorne bis hinten zerrissen wird, gelangen wir heil am anderen Ufer an. Erleichtert steigen wir aus, denn die 37 Meter tiefen Fälle sind nicht mehr weit entfernt.

Bis der Bus für die Rückfahrt kommt, ist noch Zeit für eine Cola. Im Ort bietet sich die Möglichkeit Gemüse einzukaufen. Es gibt kleine wohlschmeckende Tomaten, Zwiebeln und Kartoffeln. Die Einheimischen biegen sich vor Lachen, als sie mitkriegen, dass wir die Tomaten nicht für unsere Schweine kaufen, sondern dass wir sie selber essen wollen. Wenig später rüttelt uns der vollbesetzte Bus wieder zurück. Wie die Sardinen in der Dose sind wir eingequetscht, aber die Busfahrt ist wirklich zur Nachahmung geeignet, denn wir haben großen Spaß mit unseren Mitreisenden. Von vielen Einheimischen wird Zuckerrohr gekaut und der faserige, feuchte Überrest einfach ausgespuckt – im Bus, auf der Straße, wo auch immer. Ich habe wohl sehr hungrig oder interessiert geschaut, jedenfalls bekomme ich prompt das angebissene Zuckerrohr hingehalten, um auch abzubeißen. Die Menschen unterhalten sich unglaublich gerne mit uns. Es ist richtig anstrengend, bei dem Gerüttel und Geklapper zu verstehen und verstanden zu werden. Aber wie bei der Hinfahrt ergeben sich wieder schöne Gespräche und alles ist „ischi", das o.k. auf Amharisch bedeutet. Gegen 17 Uhr sind wir beim Hotel und eine weitere Übernachtung in Bahir Dar fügt sich an. Es ist ein lustiger Abend und wir tauschen Reiserlebnisse mit unseren Kameraden aus.

Beim Wiedersehen nach einer Trennung fragen die Bekannten nach dem, was mit uns, die Freunde nach dem, was in uns vorgegangen ist. (M. v. Ebner-Eschenbach)

Mittwoch, 18. April 2001
Auf Wiedersehen in Arba Minch und Nanjuki

Ein stimmungsvoller Morgen, die Gesänge der Mönche hallen über den See und vermischen sich zu einem herrlichen Akkord mit der afrikanischen Vogelwelt. Als der Ruf des Muezzin erschallt, erhebt sich eine leichte Morgenröte am Horizont, zum Ende der blauen Stunde. Dann geht alles sehr schnell und der Tag erwacht.
Hier in Bahir Dar haben wir unsere Reisekameraden getroffen. Heute trennen sich die Wege wieder, aber nicht ohne dass wir zwei neue Verabredungen treffen: Mit dem einen Teil in Arba Minch und später mit dem anderen Teil der Gruppe in Nanjuki am Mount Kenia.
Vorbei an großen Teffplantagen und vielen Eukalyptuswäldern erreichen wir Dangila. In Dangila finden sich nicht mehr viele Rundhütten. Eckhäuser und Wellblechdächer haben diesen Teil Äthiopiens bereits erobert. Die Äcker werden immer größer, es gibt einzelne Traktoren, und die Viehherden sind auf zum Teil 50 Tiere angewachsen. Die Heuhaufen haben eine stattliche Größe erreicht und stehen in Gruppen eingezäunt bei den Dörfern. Die Bewohner stellen aus Bambus praktische Möbel her und flechten einfache Matten. Lachende Frauen versuchen am Straßenrand Whisky zu verkaufen, woher sie den wohl haben? Die Straße ist in einem schlechten Zustand und das Straßenbauprojekt der Chinesen von etwa 220 Kilometer Länge erleichtert das Vorwärtskommen bisher noch in keiner Weise. Es staubt wieder mal schrecklich. Überall in den Orten stehen große Lagerhallen für Getreide. Viele der grünen Laster mit Hilfsgütern sind heute schon unterwegs.
Ab dem Ort Debre Markos, Hauptort der Provinz Gojam, gibt es wieder eine Teerstraße. Auch sie ist in einem schlechten Zustand. Hoch über dem Tal, etwa 20 Kilometer vor Dejen, ist ein geeigneter Platz für die Nacht. Einige Einheimische gehen in der Dämmerung vorbei und am Horizont läuft ein Fuchs. Die Rabenvögel, Fischreiher und Tauben machen noch Musik in den Felswänden. Von ganz tief unten aus der Schlucht ist das Plätschern des Wassers zu hören.

Alles Reisen hat seine Vorteile. Wenn der Reisende bessere Länder besucht, lernt er daraus vielleicht sein eigenes zu verbessern, wenn das Schicksal ihn in ein schlechteres verschlägt, lernt er vielleicht sein eigenes zu schätzen. (S. Johnson)

Donnerstag, 19. April 2001
Die Neue Blume

Wir erreichen nach einem ungestörten Frühstück die Ortschaft Dejen. Die Frauen tragen hier vermehrt westliche und bunt zusammen gewürfelte Kleidung. Nur selten ist die ansonsten übliche Tracht zu sehen, die aus einem weißen Gewand mit schönen Ornamenten und Blumenstickereien an den Bündchen besteht und anders ist als die in der Tigrayregion im Norden, bei der hauptsächlich Kreuzstich und Kreuzmotive verwendet werden. Die Frisuren der Frauen sind nicht mehr so kunstvoll geflochten, sondern wachsen als gekräuseltes Haar solange, bis es dann wieder sehr kurz, beinahe kahl geschoren wird. Die Männer tragen nur noch selten den Umhang als Turban auf dem Kopf. Häufig sehen wir in den Nationalfarben gestrickte Mützen und Schals. Viele Fahrradfahrer sind unterwegs und auch Eselskarren, die als Taxi genutzt werden.
Wir fahren die Abbruchkante hinunter bis auf 1.200 Meter und überqueren auf einer hohen Brücke den Nil. Die Straße windet sich wieder hoch auf 2.600 Meter. Immer größer werdende Äcker säumen die Straße, in großen Hallen auf den Feldern ist Stroh eingelagert. Die Baumaßnahmen an der Straße erstrecken sich bis 25 Kilometer vor Addis Abeba. Erst ab hier erleben wir wieder einmal, was es heißt, eine gute Straße zu befahren. Der fünfte Gang kommt zum Einsatz. Dementsprechend flott kommen wir in die Hauptstadt. Es ist unglaublich, in welch einfachen Verhältnissen die Menschen 100 Kilometer vor der Stadt noch leben, während in dieser der Überfluss zu Hause ist. Es gibt alles. Die Menschen haben Autos und Handys. Es gibt Boutiquen und unzählige Bars. Moderne Hochhäuser stehen neben Wellblechhütten. Große Fabriken und Villen von hohen Zäunen umgeben finden sich ebenso wie bettelnde Kinder und behinderte Menschen. In den Supermärkten gibt es alles zu kaufen, vom äthiopischen Hochlandkaffee bis zum Nescafé. Vom Chianti bis zum Gonder, einem trockenen Roten Wein aus der Region Gonder und Gojam.
Addis Abeba liegt zwischen 1.800 und 2.450 Meter hoch und ist somit die dritthöchst gelegene Hauptstadt der Welt. Zwischen 2 und 4 Millionen Menschen leben hier. „Addis Abeba", ein leicht über die Zunge gehender

Name, bedeutet „Neue Blume". In der Tat, die Stadt entstand erst vor 100 Jahren. Der Verkehr fließt, wenn auch chaotisch, zumindest auf den Hauptstraßen.
Die Stadt ist heute sehr ruhig, aber gestern, so erfahren wir, hat es große Probleme gegeben. In der Folge kam es an der Universität zu Schießereien. Auf der Straße wurden Autos angezündet und Schaufensterscheiben eingeworfen. Die genauen Zusammenhänge werden uns nicht so ganz klar, jedenfalls gab es Tote und die Stimmung ist überall bedrückt.
Verschärfte Sicherheitsmaßnahmen beggnen mir auch, als ich die kenianische Botschaft aufsuche, um unsere Visa für die Weiterreise zu besorgen. Das geht nicht sofort und natürlich muss ich morgen wiederkommen.
Im Hotel Bel Air werden wir gut aufgenommen und Dego begleitet uns zum Internetcafé. Von Dego erfahren wir auch, warum die Kinder immer „Frenschi" rufen. Das hat damit zu tun, dass die ersten Weißen hier in der Gegend, die mit dem Bau der Dschibutibahn kamen, Franzosen waren und weiße Gesichter somit „Frenschis" sind.

Wir lernen Menschen nicht kennen, wenn sie zu uns kommen; wir müssen zu ihnen gehen, um zu erfahren, wie es mit ihnen steht. (J. W. Goethe)

Freitag, 20. April 2001
Visabeschaffung und dann raus aufs Land

Die Nacht war kühl und Uwe hat sich erkältet, es geht ihm gar nicht gut. Mit Gliederschmerzen, gleichzeitigem Schwitzen und Frieren ist er völlig ohne Antrieb. Unsere Abwehrkräfte scheinen zu schwinden. Der geplante Besuch des berühmten Mercato fällt aus. Die Beschaffung der Visa dauert länger als geplant, sodass es fast 12 Uhr ist, bis einschließlich der Lebensmitteleinkäufe alles erledigt ist.
Die Frauen arbeiten hier beim Straßenbau, während in den Kaffeehäusern beim Palavern fast ausschließlich Männer sitzen. Der Verkehr hat wieder zugenommen, dazwischen tummeln sich Kühe und Ziegen. Wenn es darum geht, die Säcke, in denen Hilfsgüter verpackt waren, weiterzuverwenden, sind der Phantasie keine Grenzen gesetzt. Die robusten Säcke werden zu Matratzen, Pergolen, Taschen, Beuteln, Vorhängen und vielem Nützlichen mehr verarbeitet. Wir verlassen die Stadt südwärts und überfahren den Awasch. Bei der gleichnamigen Stadt, die auf 986 Metern über dem Meer liegt, ist viel Industrie in den Randgebieten angesiedelt. Die einfachen Hütten scheinen kein Ende nehmen zu wollen. In der Nähe befindet sich der

Awasch Nationalpark mit Wasserfällen und einer großen Schlucht. Erst in Debre Zeit, wenn auch in dieser Stadt etwa 22.000 Menschen wohnen, wird alles wieder gemütlicher und beschaulicher. Debre Zeit ist ein Kurort und eine beliebte Urlaubsregion für die Oberschicht aus Addis Abeba. Der Ort liegt romantisch zwischen zwei Seen vulkanischen Ursprungs.

Die Landschaft hat sich stark verändert in den letzten Tagen. Hochgewachsene Akazienbäume wachsen rechts und links der Straße, die Gegend ist flach, wir sind schon im Grabenbruch. Es ist angenehm warm und auch feucht genug, um ertragreichen Ackerbau zu betreiben. Tomaten, Melonen, Peperoni, Papayas und Mandarinen werden am Straßenrand feilgeboten. Den Bewohnern dieser Gegend hier geht es besser, als denen in den nördlichen Regionen. Die Straße ist in einem sehr guten Zustand. Die Menschen sind modern und westlich gekleidet. Nach wie vor laufen Kühe und Esel kreuz und quer über die Fahrbahn.

Gegen 16 Uhr kommen wir am Langanosee an und mieten uns im Bekele Mola Hotel auf der Campsite ein. Der Abend ist bis auf die einfliegenden Geschwader von Mücken und Motten ruhig. Der See ist, als einziger von den Seen des Grabenbruchs, bilharziosefrei und auch erfrischend kühl. Die Krankheit Bilharziose wird durch den Blasenpärchenegel ausgelöst, der im Wasser lebt. Er bohrt sich schmerzlos durch die Haut und gelangt mit dem Blutstrom in die Eingeweide, wie Darm oder Blase. Leber- und Gallenleiden können ebenso auftreten.

Abends sprechen wir mit einem Ehepaar, welches im Auftrag Australiens hier Entwicklungsdienst leistet. Motivierte und überzeugte Menschen, die wir kennen lernen dürfen. Wir genießen bis spät abends die schöne Stimmung am See und gehen entspannt zu Bett. Wilde Tiere, die den Schlaf stören könnten, gibt es hier nicht, dafür lauert etwas anderes auf Uwe: Seine gestrige Erkältung hat sich den Körper zurückerobert. Erbrechen und Kreislaufprobleme machen ihm zu schaffen. Er hat eine böse Nacht und so richtig helfen kann ich ihm nicht.

Es wandelt niemand ungestraft unter Palmen und die Gesinnungen ändern sich gewiss in einem Lande, wo Elefanten und Tiger zu Hause sind.
(J. W. Goethe)

Samstag, 21. April 2001
Erholung am Langanosee

Heute ist Ruhetag, aber der beginnt arbeitsreich. Eine Tüte Milch ist undicht geworden und ich räume wieder mal die Kisten. Uwe fühlt sich etwas besser. Wir verbringen den Rest des Tages mit Nichtstun. Am Nachmittag entlädt sich in der Ferne ein Gewitter und schließlich fängt es an zu regnen. Es regnet anhaltend und mehr durch Zufall bemerken wir, dass Wasser in unser Zelt dringt und von vorne bis hinten unter der Matratze durchläuft. Alles trieft vor Nässe und wir starten fruchtlose Versuche, die Sachen zu trocknen.
Einige Einheimische kommen gegen Abend und es sieht so aus, als wenn es diese Nacht nicht so ruhig bleibt. Es sind junge Leute aus Addis Abeba, modern und selbstbewusst. Ein großes Feuer wird mit Hilfe von viel Benzin entzündet und Musik erklingt. Musik aus den Charts, wie wir sie auch kennen. Der Abend ist kühler und immer wieder fällt leichter Nieselregen. Später erlischt das Feuer, wobei der Regen einiges dazu beiträgt und die Musik verstummt.

Urlaub – das ist jene Zeit, wo man zum Ausspannen eingespannt wird. (H. Söhnker)

Sonntag, 22. April 2001
Zerstörte Brücke und unpassierbarer Fluss

Schon früh reisen die Jugendlichen wieder ab. Wir kriegen uns auch so langsam auf die Reihe. Noch ein kühles Bad im Langanosee und dann verlassen wir diese Oase der Ruhe. Kaum zum Tor hinaus geht es wieder los mit dem die Aufmerksamkeit erregenden „You, you, you". Alt und Jung fragen uns mit einer Selbstverständlichkeit nach Geld, wie es sie bisher noch nicht gegeben hatte.
Die Landschaft ist grün und fruchtbar. Soweit das Auge reicht sind große Felder angebaut mit Mais, Zuckerrohr und Kartoffeln. Auch haben sich ein paar findige Köpfe Schubkarren ausgedacht. Ein großes Kugellager und ein paar Bretter, schon ist das Wasserholen leichter. Große, mit prall gefüllten Baumwollsäcken beladene Laster sind unterwegs zu den Fabriken. Hier in dieser Gegend sind die Menschen nicht arm und müssen auch nicht hungern. Auch die verschiedensten Religionen sind hier vertreten. Es gibt Fußballplätze, die von einer großen Menge Menschen besucht werden. Bana-

nenplantagen und Viehherden wechseln sich ab. Alles wirkt satt grün und saftig. Das Wetter ist schön geworden und in der Ferne ist der Abayasee zu sehen. Dann zischt es plötzlich, wie eine Schlange, und das Auto eiert auch schon. Nach 11.304 Kilometern der erste Platten hinten rechts. Schließlich ist das Ersatzrad drauf und es kann weitergehen. Einige Kudus passieren vor uns die Straße.

Vor der Ortschaft Arba Minch ist die Brücke zerstört. Den Fluss zu durchfahren ist nicht möglich. Es hat irgendwo geregnet, das braune Wasser ist tief und hat eine starke Strömung. Schade, unser Tagesziel wäre der Necessair Park auf der anderen Flussseite gewesen. Wenn es in den Bergen zu regnen aufhört, wird das Wasser zurückgehen. Wir hoffen auf morgen und suchen einen Schlafplatz. Um näher an den Fluss zu kommen, will Uwe noch eine schlammige Rinne überfahren. Mir ist das schon nicht mehr geheuer. Dann folgt der schmutzige Abschluss des Tages, die Räder drehen durch. Nach einigem Hin- und Herrangieren steht der Landy bis zum Zusatztank links hinten im Schlick. Nichts geht mehr, alle Reifen sind dick mit einer Schlammschicht überzogen. Gut, dass da ein Bäumchen steht und die Winde vorne am Landy ist.

Im Schlamm festgefahren

Mit einem Haurück ist das Auto aus der Schlammkuhle befreit und wir tasten uns zurück zu einer Lichtung. Die Paviane machen sich sogleich aus dem Staub und die vielen neugierigen Menschen verschwinden mit Einbruch der Dunkelheit auch. Es grillt und zirpt, was sehr schön ist, aber es summt auch. Es wird eine mückenreiche Nacht werden und Uwe ist genervt. Der heilige Vogel, der ihm in Lalibela auf den Kopf ge... hat, sollte ihn vielleicht mal wieder überfliegen. Das bringt Glück.

Die größte Gefahr im Leben ist, dass man zu vorsichtig wird. (A. Adler)

Montag, 23. April 2001
Ende einer Krokodilfarm

Wie erwartet regnet es fast die ganze Nacht. Die Stühle haben unter dem Auto, bei wenig Regen, einen guten Platz. Aber jetzt sind sie triefend nass und rundum verdreckt. Das Frühstück nehmen wir im Auto zu uns, die Sitzmöbel sind unbrauchbar. Im Übrigen nieselt es schon wieder und das Rauschen des Flusses ist bis hierher zu hören. Zurück an der Brücke ist alles voller Menschen, die sich den tobenden Fluss betrachten. Völlig unbedarft lassen wir das Auto stehen und gehen zu Fuß über die nicht befahrbare Brücke in den Ort. Bis zum größten Hotel im Ort sind es 5 Kilometer und etwas Bewegung tut uns gut. Sehr schnell haben wir auch einen Begleiter, Sischei nennt er sich. Er ist nicht lästig, sicher aber wohl der Grund, weshalb wir nicht ständig angesprochen werden. Im Hotel hinterlassen wir eine Nachricht für unsere Freunde. Hier wollten wir uns morgen mit ihnen treffen.
Ein guter Geruch dringt aus einem Restaurant und wir essen noch eine Injera. Diesmal schmeckt es uns viel besser als in Axum. Jetzt, da die Fastenzeit vorbei ist, gibt es Soße und Fleischstücke dazu.
Wir wandern den Weg zurück, dicke Lehmklumpen bilden sich an den Schuhsohlen und die Sandalen werden uns beinahe von den Füßen gesaugt. Die Situation am Fluss ist unverändert. Allerdings hat sich um den Landy eine Menschentraube gebildet. Plötzlich sollen wir für einen Wachmann zahlen, der das Auto angeblich bewacht hat. Im selben Moment bemerkt Uwe, dass die Gitterchen, welche die Scheinwerfer schützen, von der Bullbar gelöst wurden. Die kosten kein Vermögen, aber die Situation spricht leider nicht für den angeblichen Wachmann.

Sischei kann sich in der aufgeregten Menge nicht durchsetzen. Uwe nimmt die Sache selber in die Hand und verstimmt fahren wir mit Sischei zur Krokodilfarm.
Die obligate Führung steht an, doch was für ein trauriger Anblick. Diese armen Kreaturen, die hier in Betonbecken gehalten werden, fristen ein elendes Dasein. Unser Besuch führt aber dazu, dass die Tiere mehr Wasser bekommen und dass ein Becken gesäubert wird. Der Führer erklärt uns, dass die orthodoxen Christen kein Krokodil essen, weil das Krokodil Menschen frisst und sie somit Menschen essen würden. Die Tiere werden im Alter zwischen 10 und 12 Jahren geschlachtet. Die Bauchhaut wird verkauft und der Rest an die Artgenossen zurück verfüttert. Tiere, welche älter sind als 12 Jahre, werden wertlos für die Lederindustrie. Der Absatz des Krokodilleders ist rapide zurückgegangen weshalb zum Ausbrüten keine neuen Eier aus dem See geholt werden. Die Brutanlage ist wohl schon seit einigen Jahren stillgelegt. 10 Birr Eintritt pro Nase lohnen sich nicht. Das Camp für 20 Birr die Nacht mit Wasser aus dem mit Bilharziose verseuchten See und den sehr primitiven Sanitäranlagen muss sich diese Nacht erst noch bewähren.
Große Freude hingegen bereiten uns die Tokos mit ihrer eigenwilligen Art zu fliegen und zu pfeifen. Eine Pavianfamilie und viele Meerkatzen huschen aufgeregt durch das Gebüsch. Während ich die Nudeln in das kochende Wasser kippe, beschleicht mich langsam aber sicher das Gefühl, dass es Zeit ist einen Schritt weiterzukommen. Am 5. April sind wir in Äthiopien eingereist und heute ist der 23. April.
Die Bewohner der Farm sind sehr freundlich und helfen Uwe den Reifen zu wechseln. Dilettantisch nennt er diese Hilfe, er tut mir leid. Eigentlich hat er nur nach einem großen Hammer gefragt und schon sind vier Mann dabei, die Felge des Landys zu bearbeiten – mit dem großen Hammer.

Gutes zu empfangen, zu erweisen, Alter! Geh auf Reisen. (J. W. Goethe)

Dienstag, 24. April 2001
Heute haben wir eine Verabredung, ob das klappt?

Am Morgen kommt Sischei mit den Stangen für das Zelt, die er besorgen sollte, aber ohne Wechselgeld. Eine unangenehme Sache, wir sollen wohl irgendwie in die Stadt gelost werden und unser Wechselgeld selber abholen, das ist ärgerlich. Die Flussüberquerung mit dem Auto ist noch nicht

möglich und ein weiterer Fußmarsch durch den Schlamm kommt für uns nicht in Frage. Das nervt alles und es wird höchste Zeit abzureisen.
Etwa auf der Höhe von Sodo treffen wir auf unsere Reisegefährten. Bei einer Tasse Kaffee werden die Neuigkeiten ausgetauscht.
Die Lage am Fluss erlaubt in dieser Richtung kein Vorwärtskommen, also bleibt nur die Möglichkeit, über Shashemene nach Awasa zu fahren. Eine lange Etappe, während der uns auffällt, dass es zwischendurch immer wieder einzelne Ortschaften gibt, in der die Menschen nicht betteln.
Meterhohe, gelbblühende Trompetenbäume wachsen wie Unkraut am Straßenrand. Die Menschen kauen genussvoll Zuckerrohr, während wir uns immer noch nicht damit angefreundet haben. Bananen, Papaya und Mais werden am Weg angeboten, auch Ananas und frische Eier. Was das Land in diesem Bereich eben so hergibt. Spät kommen wir im Wabe Shebelle Hotel an, der Platz ist prima. Aber der Preis ist erst nach zähen Verhandlungen akzeptabel. 63.000 Einwohner leben hier am Awasasee, wo es auch einen sehenswerten Fischmarkt gibt. Abends schmieden wir Pläne für die nächsten Tage. Die Stämme der Mursi und Surma interessieren uns sehr, sie leben weiter östlich am Fluss Omo. Die Frauen dieser Stämme haben ein besonderes Schönheitsideal. Sie tragen Tellerlippen. Die Routenplanung erledigt sich schnell, da die Auswahl an Straßen sehr begrenzt ist. Zwischen Konso und Omorate bietet sich dann auch noch die Möglichkeit, über den Turkanasee nach Kenia auszureisen.

Nichts geschieht ohne Risiko, aber ohne Risiko geschieht auch nichts. (W. Scheel)

Mittwoch, 25. April 2001
Heiße Quellen – heiße Preise

Mit dem Sonnenaufgang am See und dem Konzert der Vögel beginnt der Morgen. Einige Frühsportler sind unterwegs und ein Bub wäscht seine Kleidung am Ufer. Im See sollte man nicht baden, er ist, wie viele Gewässer, nicht bilharziosefrei. Als ich vom Morgenspaziergang zurück bin, steht das Frühstück schon auf dem Tisch. Karten und Briefe werden auf den Postweg nach Hause geschickt.
Die Hot Springs liegen am Weg und es gibt einen super Reinfall. Die Hot Springs sind eine gefasste heiße Quelle, sozusagen ein afrikanisches Hallenbad. Wir wollen uns das erst einmal anschauen und fahren durch die Schranke auf das Gelände. Da es ganz und gar nicht unseren Vorstellungen

entspricht, kehren wir zur Schranke zurück. Nur für das Befahren des Geländes und das Von-außen-Schauen soll, ob es uns gefällt oder nicht, der Eintrittspreis bezahlt werden. Am Ende wird sich herausstellen, dass es sich um ein Missverständnis handelt. Aber zunächst bleibt die Schranke geschlossen, die Sache wird aufgebauscht und der Wortwechsel wird immer lauter. Wir weigern uns nachhaltig zu zahlen. Nach einem endlosen Hin und Her findet sich ein Kompromiss, bei dem niemand seine Ehre verliert. Böse Blicke und einige grinsende Gesichter beobachten unsere Abfahrt.

In Dilla gibt es eine Tankstelle. Von hier führt die Straße durch einen Kaffeewald, viele Kilometer weit. Dann wieder über eine lange Strecke Bananenplantagen. Hoch am Himmel kreisen Adler, die völlig unbehelligt bleiben, da Raubvögel nicht gegessen werden.

In einem Ort befinden sich Gerbereien, in einem anderen werden Korbmöbel hergestellt, und wieder in einem nächsten, wenige Kilometer weiter, entstehen kleine Hocker aus Holz und Lederriemen. Woanders lagern am Straßenrand nur Grabsteine. Eine gute Geschäftsidee wird im Umkreis von einigen Kilometern meist mehrfach kopiert.

Die Landschaft verändert sich und der Sand wird immer röter. Dies sieht besonders schön aus, da hier überall hohe Termitenhügel sind, die mit dem Grün der Pflanzen und dem Blau des Himmels einen tollen Kontrast bilden. Vereinzelt sind Kamele unterwegs. Es ist eine Freude zu sehen, wie gut genährt hier Menschen und Tiere sind.

Termitenhochhaus

Der Ort Yavello kommt näher. Eine Frau ist grundlos sauer und spritzt uns mit einer aggressiven Geste Wasser hinterher. Einige Menschen hier betteln sehr herausfordernd.
Wir parken die beiden Landys für die Nacht dicht an dicht gedrängt im Innenhof einer Pension. Andere Möglichkeiten gibt es nicht. Alles ist sauber und freundlich, nur die stockfinstere Toilette, mit dem kaum auszumachenden Loch im Fußboden, ist sehr abenteuerlich.
Unter dem schmalen Türspalt des Hoftores schauen neugierige Kinderaugen hindurch. Morgen wollen wir nach Konso weiter.

Überquere erst den Fluss, bevor du dem Krokodil sagst, dass es Mundgeruch hat. (Chinesisches Sprichwort)

Donnerstag, 26. April 2001
Suche nach den Tellerlippen

Der Tag begrüßt uns mit Nieselregen und tief hängenden Wolken an den Bergen. Doch das bringt uns nicht von unserem geplanten Vorhaben ab. Die Piste ist prima und mehr durch Zufall bemerken wir nach fast 80 Kilometern, dass wir schon vor 28 Kilometern eine Abzweigung übersehen haben. Ein Einheimischer erklärt sich bereit uns freundlicherweise den Weg zu zeigen. Aber auch er findet die versteckte Abzweigung nicht auf Anhieb.
Wesentlich langsamer kommen wir nun voran. Der rote Lateritboden ist ausgefahren und schon im ersten tiefen Schlammloch hängt der Landy fest.

Schlammpiste in Richtung Konso und dem Turkanasee

Unser Landroverkollege zieht uns frei. Das war eine erste Lektion – also nicht einschlafen bei der Fahrt durch die Schlammlöcher! Am besten ist es, so langsam wie möglich aber so schnell wie nötig zu fahren.
30 Kilometer Luftlinie trennen uns von Konso. Der Weg führt durch den Busch. Flüchtende Wildschweine, ein Klippspringer und witzige Perlhühner kreuzen die Piste. Erste barbusige Frauen tauchen auf. Es bleibt nicht viel Zeit zum Schauen, der schlechte Weg erfordert die ganze Aufmerksamkeit. Die grüne Pracht ringsherum ist tropisch schön. Große Kakteen, immer wieder bunte Blumen und in der Ferne schon die Berge. Von dort kommen auch die Flüsse, in deren trockenen Betten sich die Fahrspur hinzieht. Langsam hoppeln wir vorwärts. Die Kinder winken und rufen, sie sind völlig aus dem Häuschen. Zwei Autos mit Weißen und dann noch ganz langsam. Die Buben und Mädchen wünschen sich hier vorzugsweise Karamell. Es geht steil über eine Stelle, die mit Steinplatten durchsetzt ist. Dann endlich, nach fast 3 Stunden, wird dieser Weg besser. Immer noch sind Maisfelder am Wegrand, der Boden ist fruchtbar und wird gut genutzt.
In Konso gibt es einen Markt und die Menschen vom Stamm der Mursi oder Surma könnten dort sein. Je größer eine Ton- oder Holzscheibe in Unterlippe und Ohrläppchen der Frau, desto mehr Ansehen genießt sie. Beim Essen stört der Teller nicht und die Sitte des Küssens ist hier unbekannt. Es kommt aber heutzutage vor, dass diese Form der Verschönerung von jungen Mädchen nicht mehr weitergeführt wird.

Afrikanischer Wassertransport

Am Eingang des Ortes wartet eine Tourismuskraft und klärt uns auf. Falls wir auf dem Markt fotografieren wollen, ist ein Obolus zu entrichten. Niemand von uns will für das Fotografieren bezahlen. Das ist auch gut so, denn der Markt ist nicht anders als all die Märkte, die wir schon gesehen haben. Angehörige vom Stamm der Tellerlippen sind auch keine anwesend. Die Auswahl an Obst und Gemüse beschränkt sich im Sortiment auf das, was in der Gegend wächst. Das Brot hier im Ort ist prima. Nach einem Schwätzchen mit Engländern, die aus Südafrika angereist sind, fahren wir weiter. Eine tiefschwarze Wolkenwand befindet sich zu unserer linken Seite, irgendwo regnet es ausgiebig. Die Brücke des nächsten Flusses wurde beim letzten Unwetter weggespült, doch das Wasser ist nicht sehr tief und die Durchfahrt klappt gut. Bis kurz vor Einbruch der Dunkelheit suchen wir einen Platz für die Nacht. Je dunkler es wird, desto weniger Sonderwünsche für das Camp haben wir. Wenig wählerisch stehen wir letztlich etwa 12 Kilometer vor Weyto mitten auf einer Kuhwiese, auf der uns Käfer und Motten umschwärmen.

Abenteuerurlaub besteht aus siebzig Prozent Vorfreude und aus dreißig Prozent Nachsorge. (A. Sordi)

Freitag, 27. April 2001
In Omorate im Arrest

Der Morgen bringt einen eindrucksvollen Besuch von Hirten. Sie sind alle bewaffnet, haben aber auch die Kopfstütze und lederne Wasserbehälter mit

Strickkurs in Äthiopien

dabei. Einer zieht schmunzelnd eine Mokkatasse aus seinem Lederbeutel. Wir werden gründlich aus nächster Nähe beobachtet und über alles Mögliche befragt. Das Zähneputzen scheint genauso interessant zu sein wie der Weg mit dem Spaten in den Busch. Es gibt nichts in unserem Equipment, was sie nicht gerne hätten. Leere Konservendosen oder Becher aller Art sind willkommen. Einer von ihnen kann richtig gut stricken, was er mir an meinem Strickzeug vormacht. Auf dem Weg nach Weyto begegnen uns immer wieder Menschen in der hier üblichen Tracht der Hamer. Das heißt, die Frauen sind barbusig und die Männer tragen nur einen Lendenschurz. Bei den Frisuren herrscht alle künstlerische Freiheit und so manchen Kopf schmückt ein wippendes Federchen. So viele eitle und stolze Männer auf einem Haufen habe ich noch nie gesehen.

Junge Frauen und Kinder vom Stamm der Hamer

In Turmi befindet sich wieder eine Polizeikontrolle und dann kommt schon die Abzweigung nach Kenia. Den nächsten Morgen visieren wir dafür an, die Grenze zu überqueren. Unweit von hier, hinter den Büschen, scheint ein Platz uns geeignet für das letzte Lager in Äthiopien. Wie sich später zeigen wird eine unvorsichtige Entscheidung.
Der Grenzübertritt wird hier offiziell nicht gern gesehen. Eventuell muss bei den richtigen Leuten etwas Schmiergeld fließen. Darauf eingerichtet, wünsche ich uns nur, dass dieses Unternehmen morgen glückt. Der Weg, der uns die letzten Tage hierher gebracht hat, ist in einem so schlechten

Zustand, dass ich ihn nicht wieder zurückfahren möchte. Alle sind guter Dinge und freuen sich auf Kenia, es wird schon klappen. Am helllichten Nachmittag machen wir es uns ganz unbedarft gemütlich und genießen die Ruhe. Es dauert nicht lange und der erste Hirte taucht auf – samt Herde. Die Gegend ist dünn besiedelt, vielleicht wegen der unmittelbaren Grenznähe. Wir kochen, wälzen Reiseführer von Kenia und richten uns auf einen schönen Abend ein.

Es dämmert schon, als ein Auto sich nähert, vorbeifährt, hält und zurückfährt. Das hört sich nicht gut an. Das Herz klopft mir bis zum Hals. Dann geht alles ganz schnell. Mir wird ganz sonderbar zumute, als sich ein Kreis von 10 Männern mit Maschinengewehren um uns bildet. Ein Überfall?

Die Bewaffneten fragen, was wir hier machen, auf wen wir warten und ob wir etwa über die Grenze nach Kenia wollen. Wie ungemütlich und grimmig die Männer dreinschauen. Unübersehbar liegt der Keniaführer auf dem Tisch und auch die Karte. Im Vorbeigehen decke ich die Bücher mit einem T-Shirt zu.

Ein Diskurs entsteht. Friedliche Erklärungsversuche – Satzfetzen fliegen hin und her. Die bewaffneten Männer lassen nicht locker. Es ist kein guter Platz hier, und wir sollen jetzt mitfahren nach Omorate. Trotz aller Beteuerungen nicht nach Kenia zu wollen, lässt es sich nicht verhindern, dass wir mit müssen. Unter den wachsamen Blicken der Polizei werden die Zelte abgebaut und der Lagerplatz geräumt. Es wird nicht viel gesprochen, wer weiß, wie das sonst gedeutet wird. Auf jedem Landroverdach platziert sich ein bewaffneter Mann. So schaukeln wir bei Dunkelheit in Richtung Omorate. Das ist der hinterste Ort auf der Landkarte, ganz am Fluss Omo. Auf dem Weg gehen uns tausend Fragen durch den Kopf. Was ist, wenn ...? Was wollen die jetzt von uns?

Auf engstem Raum zwischen dem Gefängnis, der Latrine und dem Omo werden die Autos geparkt und selbstverständlich bewacht. Ganz locker und unbeschwert geben wir uns. Nebenbei findet völlig unauffällig die Lagebesprechung mit unseren Reisegefährten statt. Die Vorstellung, zurückzufahren über Moyale, ist, wie schon erwähnt, ein Alptraum. Außerdem lässt sich die Strecke in Kenia von Moyale nach Isiolo wegen Bandenüberfällen nur im Konvoi befahren.

Ein weiteres Aufgreifen an der Grenze hier würde sehr unliebsame Folgen haben.

Uns bleibt nichts anderes übrig, als den Morgen abzuwarten, um zu hören, was die Polizisten von uns wollen. Alles andere als eine gute Nacht bricht an und es riecht nicht gut neben der Latrine. Unter Arrest heißt, der Platz

darf auch zu Fuß nicht verlassen werden, so übernehmen die Polizisten den Getränkeservice und besorgen uns ein paar Flaschen Bier.
Nun bleibt Zeit für die letzte Etappe der politischen Geschichte. Sie beginnt mit einem Militärputsch am 12. September 1974 und führt zur Absetzung von Haile Selassie. Das Land wird von 1974 bis 1987 vom PMAC, auf Deutsch Provisorischer Militärischer Verwaltungsrat, regiert.
1976 bis 1977 entwickelt sich der Oberstleutnant Mengistu Haile Mariam zur wichtigsten politischen Figur des Landes. Im September 1984 wird Äthiopien ein kommunistischer Staat. 1987 wird eine neue Republik mit einer neuen Verfassung gegründet. 1991 wird die marxistische Regierung vertrieben. Eine unruhige Zeit folgt von 1991 bis heute. Das äthiopische Parlament wählte am 8. Oktober 2001 den parteilosen Abgeordneten Girma Wolde-Giorgis zum neuen Präsidenten.

Als deutscher Tourist im Ausland steht man vor der Frage, ob man sich anständig benehmen muss oder ob schon deutsche Touristen da gewesen sind. (K. Tucholsky)

Samstag, 28. April 2001
Werden wir die nächste Nacht auf kenianischem Boden verbringen?

Natürlich waren schon andere da, die das Gleiche vorhatten wie wir, das wissen die Polizisten. Leise tröpfelt der Regen auf das Autodach, der Tag erwacht und die Vögel stimmen ihr Morgenkonzert an. In dem kleinen Ort rührt sich nicht viel. Unsere Bewacher erlauben, dass die Autos woanders hingestellt werden. So verzehren wir in aller Ruhe und unbelästigt vom üblen Latrinengeruch das Frühstück.
Schnell folgt die Aufforderung, in das Büro zu kommen. Es gehen nur die Männer. Gespanntes Warten. Eine Stunde später wird mir berichtet, was sich abgespielt hat. Uwe erzählt: „Es wurde gefragt nach dem Woher und Wohin. Als klar war, dass unser Endziel Südafrika heißt, wurden wir darauf aufmerksam gemacht, dass ein Grenzübertritt nach Kenia am Turkanasee illegal ist. Dann wurden neben den Pässen noch die sonstigen Grenzpapiere eingesehen. Die Beamten diskutierten eifrig in der amharischen Sprache. Schließlich erschien es ihnen doch schwierig, uns passieren zu lassen. Sie machten uns darauf aufmerksam, dass es unmöglich wäre, weiter Richtung Kenia zu fahren, da es im Grenzgebiet nur so von Polizei wimmelt. Auch der Vorgesetzte verweigerte die Erlaubnis für eine Weiterfahrt: "Sorry, it is impossible to cross the border." Auf die Frage, ob wir denn nicht bis zum

Turkanasee fahren dürften, sagte man uns mit ausdrücklicher Bestimmtheit, dass wir auf direktem Wege nach Turmi zurückreisen sollen. Eine Besichtigung des Sees sei nur in Begleitung eines Postens möglich. Mit dieser Maßgabe, zurück nach Turmi zu fahren, wurden wir entlassen."

Somit sind von dieser Seite die Würfel endgültig gefallen. Nun gilt es, die eigenen Ängste mit den bestehenden Möglichkeiten abzuwägen, und das Ergebnis von vier Leuten abzustimmen. Die Lagebesprechung ergibt, dass niemand von uns noch länger in Äthiopien bleiben will. Auch die Möglichkeit, eventuell doch noch den Stamm der Surma oder Mursi zu sehen, reizt nicht mehr. Die Idee, einfach zu dieser erwähnten Polizei und dem Posten im Grenzgebiet zu fahren, keimt auf. Dort könnten wir dann nochmals fragen, wie es sich verhält mit dem Turkanasee und Kenia. Alle ziehen mit, sind sich aber auch im Klaren, was passiert, wenn dieselben Polizisten uns nochmals aufgreifen.

Es geht los. Die Anspannung ist sehr groß und die Piste führt durch das sich lichtende Gelände in Richtung Kenia. Viele Hirten, einige Dörfer am Wegesrand und immer wieder der besorgte Blick in den Rückspiegel. Die Autos wirbeln eine große Staubwolke auf, die ist bestimmt kilometerweit zu sehen. Dann plötzlich der Posten und die Schranke. Die Autos stehen noch nicht ganz und schon bildet sich eine Traube halb nackter Menschen um uns. In einer Rundhütte hinter dem Schlagbaum befindet sich das Büro. Nur die beiden Männer verschwinden in der Hütte.

Uwe erzählt: „Beim Verhör heute früh in Omorate hatten wir nicht erwähnt, dass wir nach Kenia über den Turkanasee ausreisen wollten. Das hat die Polizei nur vermutet. So erwähnten wir es bei diesem Grenzposten zunächst auch nicht. Unsere Frage an die Ordnungshüter lautete, ob eine Besichtigung des Sees möglich sei. Sie sagten uns mit Bestimmtheit, dass dies nur mit einer Berechtigung aus Omorate ginge. Wir gaben uns sehr enttäuscht und als wir völlig resigniert abziehen wollten, machten die Beamten uns den Vorschlag, dass wir ausnahmsweise in Begleitung von zwei Männern den See besichtigen könnten. Die beiden machten sich sogleich fertig für die Abfahrt. Das brachte uns aber nichts, unser wirkliches Interesse lag ja ganz woanders. Die Posten wollten auch noch Geld für die Mitfahrt haben. Wir fragten uns dann geht es vielleicht nur um Geld und bohrten noch mal nach. Die Grenzbeamten sprachen nur sehr spärlich Englisch. So zeichneten wir auf den Boden den Turkanasee, Kenia und Äthiopien. Dann machten wir deutlich, dass wir zusammen zur Grenze rausfahren würden, und fragten, ob die beiden Posten dann wieder zurücklaufen und wir nach Kenia weiter könnten? Erst nach einiger Zeit dämmerte es den Grenzbeamten, um was es ging. Schließlich einigten wir uns auf einen Preis und nachdem der bezahlt war, durften wir gehen."

Während in der Hütte verhandelt wird, versuche ich die Menschen davon abzuhalten, das Auto zu sehr zu bedrängen. Sie wollen einfach alles! Gerade die halbwüchsigen Männer haben eine sehr provozierende Art. Die Spiegel der Fahrzeuge ziehen die Männer völlig in ihren Bann. Wie eitel sie sind, ist einfach unbeschreiblich. Sie äffen wie kleine Kinder meine Gestik und Mimik nach und fassen mich überall an. Nur mit Mühe kann ich mich dagegen wehren, dass ständig an meinen langen Haaren gezogen wird. Minuten werden zu Stunden, der Aufenthalt vor dem Schlagbaum kommt mir wie eine Ewigkeit vor und ich sehe es schon vor mir, wie die Autospiegel abgerissen werden. Eine sonderbare Szene, die sich hier abspielt: Zwei weiße, mit langen Hosen und T-Shirts bekleidete Frauen werden von einer Traube nackter schwarzer Menschen umringt, die unbedingt Haut und Haare der Fremden anfassen wollen.

Endlich kommen die Männer mit erleichterten Gesichtern aus der Hütte zurück zu den Fahrzeugen. Jetzt aber nichts wie weg. Einige Kilometer sind noch bis zur Grenze Kenias zu fahren. Wir können immer noch aufgegriffen werden, dann ist der bezahlte Obolus auch nichts mehr wert. In flotter Fahrt preschen wir durch das Gelände. Laut GPS noch 10 Kilometer bis zum Grenzstein. Dann arbeitet plötzlich bei dem vorausfahrenden Landy die Schaltung nicht mehr richtig. Auf die Schnelle weiß keiner so recht, was es ist. Jedenfalls ist das Fortkommen erschwert, da die High- and Lowschaltung nicht mehr funktioniert. Wir müssen schnell weiter und ich werde noch nervöser. Es wird nicht mehr gesprochen und der einzige Gedanke ist, hoffentlich hält das Auto durch. Die Grenze rückt Kilometer um Kilometer näher, auf dem GPS ist es zu lesen. Dann sind wir in Kenia ... Hurra und Gott sei Dank!

Das Beste, was man vom Reisen nach Hause bringt, ist die heile Haut. (Persisches Sprichwort)

6. Kapitel - Kenia

Fläche: 580.367 km², Einwohner: 28,8 Millionen, Ethnien: Kikuyu, Luhya, Kamba, nilotische und hamito-nilotische Gruppen, 1.5 % Massai, Hauptstadt: Nairobi, 2 Millionen Einwohner, Währung: 1 US $ = 76 Keniaschilling.

Der Übertritt ist geglückt. Jetzt klopft das Herz vor Freude schneller. Erleichtert fahren wir die 20 Kilometer bis nach Illeret und werden mit offenen Armen in der Polizeistation empfangen. Schon längere Zeit waren keine Touristen mehr an diesem verlassenen Posten. Wir wissen gar nicht so recht, wie uns geschieht. Liebe, nette Menschen, die nicht immer gleich „Give me" sagen und die Hand aufhalten. Das Problem am Auto wird sogleich hilfreich angegangen und es geht samt Mechaniker zur Mission. Dort ist viel Platz und die Zelte werden aufgebaut. Die Freunde des Mechanikers kommen am Abend noch vorbei. Nach und nach werden alle vertrauter und so entsteht ein wenig Partystimmung. Zigaretten werden geraucht und es wird viel gelacht. Vereinzelt niedergehende Regenschauer trüben die Stimmung nicht.

Besuch der kenianischen Polizeibeamten

Kenia grenzt im Norden an den Sudan und Äthiopien, im Osten an Somalia und den Indischen Ozean, im Süden an Tansania und im Westen an den Victoriasee sowie an Uganda. Kenia wird durch den Äquator in zwei annähernd gleich große Hälften gegliedert. Das Land ist berühmt für seine Strände und die vielfältige Tierwelt. Der Tourismus ist Kenias wichtigste Devisenquelle. Jährlich kommen etwa 700.000 Touristen ins Land. Die beiden größten Nationalparks sind der Tsavo Park und der Masai-Mara Park.

Wir können uns unseres Mutes nicht sicher sein, solange wir uns nicht in Gefahr befunden haben. (F. Rochefoucauld)

Sonntag, 29. April 2001
Krokodile im Turkanasee?

Es gibt viel Wissenswertes über Kenia. Die Landwirtschaft bildet zusammen mit der Forstwirtschaft und der Fischerei den wichtigsten Wirtschaftssektor. Nach der Unabhängigkeit 1967 schließt sich Kenia mit Tansania und Uganda zur Ostafrikanischen Gemeinschaft zusammen. Die Bodenschätze in Kenia sind weitgehend unerschlossen. Zu den Industriebetrieben des Landes zählen Getreidemühlen, Zementwerke und Raffinerien. Es werden Textilien, Holz und Düngemittel verarbeitet.
Heute früh weht ein angenehmer Wind. Da am kaputten Auto noch gearbeitet wird, ist für uns heute ein Ruhetag.
Der Turkanasee unterhalb der Hügel, auf denen sich die Mission und der Ort Illeret befinden, ist über 40 Kilometer breit und etwa 400 Kilometer lang. Die Heimat von 20.000 Krokodilen und vielen Flusspferden. Das Ufer des Sees ist sehr gut zugänglich und wir können mit dem Landy bis an das türkisblaue Wasser fahren.

Kitesurfen im See mit der höchsten Krokodilpopulation

Uwe packt gerade die Kitesachen aus, und schon scharen sich die ersten Kinder um uns. Sie sind unaufdringlich, aber sehr neugierig. Der Wind weht schwach, aber der Start ist gut und schon flitzt Uwe hinaus auf den See. Bei so vielen Krokodilen kann das auch gefährlich sein. Die anwesenden Kinder beteuern mir aber immer wieder, dass es hier keine Krokodile gibt, die wären weiter unten am See. Leuchtendgelb hebt sich der Kite von dem leicht bewölkten Himmel ab. Gebannt starren wir alle auf den See hinaus. Dann fällt Uwe ins Wasser. Er hantiert noch mal an der Bar, und dann geht es in spritziger Fahrt wieder weiter. Eine Stunde später treffen wir uns gesund und unversehrt wieder und der Wind schläft ein.

Fang aus dem Turkanasee (ehem. Rudolphsee)

Tiefschwarze Regenwolken hängen Unheil verkündend über uns. Zurück bei der Mission reicht es gerade noch zu einem schnellen Essen, dann prasselt der Regen los.
Die einheimischen Frauen sind nur mit einem ledernen, knielangen, rockartigen Schurz bekleidet. Sie sind sehr vertrauensvoll und interessieren sich besonders für unsere Dachzelte und die Essenszubereitung. Die Frauen möchten ihre frisch gemolkene Ziegenmilch eintauschen. Sie fragen uns nach Rasierern, Zucker und Plastikbehältern. An Bekleidung sind sie nicht interessiert. Die erscheinen ihnen wohl unpraktisch.

Auf der Missionsstation von Illeret

Ursprünglich soll in Kenia der älteste Mensch gefunden worden sein. Bereits vor vier Millionen Jahren ist das Land von Hominiden der Gattung Australopithecus – frühen Vorfahren des heutigen Menschen – bewohnt worden.

Beim Landy finden alle Schrauben wieder an ihren richtigen Platz zurück und die Probefahrt zeigt keine weiteren Probleme. Morgen wollen wir abreisen.

Das wichtigste Reisegepäck ist ein fröhliches Herz. (Mutter Teresa)

Montag, 30. April 2001
Drei Landys gemeinsam unterwegs

Alle stehen um 8 Uhr früh in den Startlöchern. Der hilfreiche Missionar, Dr. Jim, und seine Frau Susan begleiten uns in ihrem vollgepackten Landy Serie 3. Nun ist einiges an Altersklassen zusammen. Dr. Jim hat diese Missionsstation früher betreut und war zu Besuch hier. Für zwei Tage verbindet uns der gleiche Weg. Mit von der Partie, auf dem Dach, eine 3 Meter lange Riesenschlange. Sie soll irgendwo unterwegs freigelassen werden. Die Einheimischen würden das Tier auch gerne essen, aber die Python soll ein zweites Leben bekommen.

Die Python kommt in einen Sack und dann auf das Autodach

Der Himmel ist wolkig. Sollte es regnen, kann die Fahrt problematisch werden. Dr. Jim kennt diese Strecke sehr gut. Hurtig geht es los bis zum Sibiloi Nationalpark. Die hügelige Landschaft ist bezaubernd schön. Immer wieder bietet sich ein herrlicher Ausblick auf den Turkanasee. Einige Vögel fliegen erschreckt hoch und neben einem Erdmännchen kreuzen auch einige Dikdiks unseren Weg.

Für die Schlammfahrten bekommt der Serie-3-Landrover Schneeketten aufgezogen. Ganz schön schmierig ist die Piste zwischendurch, aber wir kommen ohne große Probleme vorwärts.

An einem Flusslauf wird die Schlange ausgesetzt. Respektvoller Abstand ist ihr dabei sicher. Reglos liegt das Tier in einem Rupfensack. Dann wird er geöffnet und mit einer unglaublichen Geschwindigkeit schießt die Python aus ihrem Gefängnis. Sprachlos sehen wir zu, wie sie sich, anstatt im Unterholz zu verschwinden, schnell an einem Baum hochwindet. Damit hat nun niemand gerechnet.

Am Ende der drei Stunden Powerfahrt durch den Park müssen wir für den Transit 33 US-Dollar berappen. Anschließend geht die Fahrt weiter durch genauso schönes Gelände, eigentlich viel zu schnell. Aber bis Loyangalani ist es noch weit, daher darf keine Zeit vertändelt werden. Die karge Landschaft ist nur mit niedrigen Büschen bewachsen, große Steinblöcke vermitteln einen urzeitlichen Eindruck. Der leicht bewölkte Himmel zaubert eine fotogene Stimmung. Wir nehmen uns Zeit und halten, genießen für einen Moment diese Stimmung.

Karge, wüstenhafte Landschaft in Nordkenia

Die anderen fahren uns sowieso davon, da unser Landy durch die Unterbodentanks nicht so viel Bodenfreiheit hat und äußerst sorgsam über den schlechten Weg gesteuert werden muss. Die Strecke birgt viele Tücken und ist mit tiefen Rinnen und großen, scharfen Steinen durchsetzt. Das quittiert die Bereifung auch postwendend mit einem Platten. Schnell ist das Rad gewechselt und Dr. Jim befreit uns nebenbei noch von einer Kamelfliege. Die ist nur durch abdrehen des Kopfes zu töten. Ihre Bisse sind sehr schmerzhaft. Lautlos setzt sie sich und wenn sie sich einmal festgebissen hat, ist sie kaum noch abzubekommen.
Bei Dunkelheit und total gestresst erreichen wir das Camp bei Loyangalani. Von einem Buschcamping wird uns wegen der kriegerisch gestimmten Bevölkerung abgeraten. Stammesfehden sind hier an der Tagesordnung. Uwe geht es so schlecht, dass er sich zur Toilette begibt und sich übergibt. Bis zum Morgen wird sich das noch mehrmals wiederholen. Die ganze Nacht rüttelt ein warmer Wind am Zelt.

Humor ist eines der besten Kleidungsstücke, die man in der Gesellschaft tragen kann. (W. M. Thackeray)

Dienstag, 1. Mai 2001
Im Land der Massai

Wir fahren an den Turkanasee. Eine Föhnlage hat sich entwickelt und auf

dem angrenzenden Berg liegt eine dicke, fette Tafelwolke. Der Wind ist leicht ablandig. In dieser Region sollen sich die im See lebenden Krokodile aufhalten. So schön es hier ist, wir fahren weiter. Uwe fühlt sich gar nicht wohl.
Die Straße führt, immer Hügel hoch und Hügel runter, noch weitere 40 Kilometer am See entlang. Das Licht der Morgensonne legt sich wie ein goldener Schleier über die Landschaft. Der Turkanasee verschwindet aus unserem Blickfeld. Die Straße windet sich um einige Kehren, es schließt sich eine Passfahrt an und wir sind in der Bergregion. Alles ist grün und die Gegend erscheint sowohl tier- als auch menschenleer. In der Nähe von South Horr werden die Bäume immer größer.
Schön geschmückte und nur für Geld zu fotografierende Massai leben hier. Die Angehörigen dieser Stammesgruppe kleiden sich häufig extra für die Touristen sehr traditionell. Die Menschen auf dem Land leben unter sehr einfachen Bedingungen in Rundhütten. Sobald die Ortschaften größer werden, verändert sich auch der Baustil und die Hütten werden viereckig.
Hohe Kumuluswolken bauen sich auf, hinter denen die Sonne sich immer öfter versteckt. Das Gras ist hoch und große Kakteenbäume stehen mitten in den Feldern. Wir sehen immer noch keine Tiere, doch halt! Es kreuzen zwei Dikdiks und ein Salamander unsere Straße, wobei „Straße" eigentlich nicht das richtige Wort ist.
Bis nach Baragoi führt eine sehr schlechte Piste und von dort bis nach Maralal dauert die Fahrt noch weitere vier Stunden auf Rüttel- und Steinpisten. Uwe muss die ganze Zeit sehr aufpassen, dass die spitzen Steine die Unterflurtanks nicht beschädigen. Wir sind wieder mal das Schlusslicht. Aber auch wir kommen an diesem Tag ans Ziel. Da die Gegend sehr schön ist, freuen wir uns auf ein Buschcamping. Aber Dr. Jim, er ist übrigens Landroverdoktor, rät uns davon ab, wild zu campen. Die hier ansässigen Stämme streiten sich ständig und sind sehr nervös. Wahllos überfallen und stehlen sie alles, was im Busch steht. Also schließen wir uns den anderen an und campen vor Maralal auf einem wirklich schönen Camp. Entspannung ist angesagt, wir sitzen den ganzen Abend zusammen und tauschen Erlebnisse aus.
So erfahren wir noch einiges aus der Geschichte. Kenia ist ein Schmelztiegel verschiedenster ethnischer Gruppen, die in den letzten 1.500 Jahren in diese Region eingewandert sind. 1.000 n. Chr. wird die Gegend von nilotischen Clans aus dem Norden erobert. Im Anschluss an das 11. Jahrhundert werden die Küstengebiete von Händlern und Siedlern aus Südarabien beherrscht. Sie bilden die so genannten Zandsch-Stadtstaaten. Bantuinvasio-

nen nach dem Jahr 1400 zwingen die meisten Niloten in die Gegenden des heutigen Uganda und Tansania. Mit der Entdeckung des Seeweges nach Indien, durch Vasco da Gama 1498, versuchen die Portugiesen den gesamten Seehandel im Indischen Ozean an sich zu reißen. Es gelingt ihnen trotz heftigen Widerstands, ein Jahrhundert lang die Herrschaft über die Zandsch-Staaten zu erhalten. Als Engländer und Holländer den Portugiesen zu Beginn des 17. Jahrhunderts das Handelsmonopol streitig machen, erlangen die Zandsch-Staaten wieder ihre Freiheit. Auch die Massai, in deren Gebiet wir uns befinden, dringen im 17. Jahrhundert von Norden in diese Region ein. Sie gelangen aber nicht bis in die Küstengebiete.

Weitaus mehr Menschen wissen, wo sie fort wollen, als wo sie hin wollen. (M. Rommel)

Mittwoch, 2. Mai 2001
Ein Wiedersehen in Nanyuki

Nanyuki heißt das Tagesziel für heute. Dort haben wir eine Verabredung mit dem IFA-Team.
Dr. Jim und Susan schlagen eine andere Richtung ein. Unter lautem Hupen und heftigem Winken trennen sich unsere Reisewege.
Für die Weiterfahrt wählen wir eine Abkürzung und lassen uns überraschen. Es ist die richtige Entscheidung, denn die Piste führt durch eine grüne, einsame, parkähnliche Landschaft. Viele Tiere leben hier, Thomson Gazellen, Kronenkraniche, Zebras und Schwalben. Beim Anblick dieser Flugkünstler denke ich an Zuhause. Anfang Mai kehren die Schwalben oft schon von ihren afrikanischen Winterquartieren ins Allgäu zurück
Der ganze Tag ist geprägt von dem tollen Blick auf den Mount Kenia.

Schnee am Äquator (Mount Kenia)

Ohne Vorfälle erreichen wir exakt um 13 Uhr Nanyuki – und was für eine Überraschung: Am Ortseingang treffen wir auf das IFA-Gespann. Bei ihnen ist alles gut verlaufen, wobei der offizielle Grenzübertritt bei Moyale eine sehr schlammige Angelegenheit war.
Nachmittags warten Uwe und ich eine halbe Ewigkeit, bis der Landy seinen fachmännischen Kundendienst in der Werkstadt hinter sich hat.
Das Wetter verschlechtert sich und es tröpfelt leicht. Ursprünglich hatten wir die Besteigung des Mount Kenia geplant. Auf den ersten Blick erscheint fast alles doppelt so teuer wie in den Reiseführern beschrieben. Unvorsichtige Touristen werden leicht abgezockt. Es empfiehlt sich, verschiedene Angebote einzuholen. Alle in der Gruppe sind müde und so kommen wir heute zu keiner Entscheidung mehr.
Beim Mount Kenia, der 5.199 Meter hoch ist, handelt es sich um die Überreste des Innenlebens eines Vulkans. Die schroffen Basaltfelsen sind stehen geblieben, während die Hülle in den letzten Jahrmillionen der Erosion zum Opfer gefallen ist.

Vergnügungsreisende.
Sie steigen wie Tiere den Berg hinauf, dumm und schwitzend.
Man hatte ihnen vergessen zu sagen, dass es unterwegs schöne Aussichten gebe. (F. Nietzsche)

Donnerstag, 3. Mai 2001
Der letzte Abend am Fuß des Berges

Wir sitzen gemütlich zusammen und besprechen die Lage. Alle wollen auf den Berg, der Entschluss ist gefasst. Der Abend vergeht damit, die Ausrüstung zusammenzusuchen und zu packen.
Um 15 Uhr ist gemeinsame Abfahrt zum Fuß des Mount Kenia, mit Führer Elliot und Träger Charles. Wenige Kilometer vor dem Camp, ausgerechnet an einer steilen Stelle, hat unser Landy einen Platten. Auf dem unwegsamen Abschnitt beheben wir mühsam das Problem.
Am Parkeingang campieren wir und das große Lagerfeuer hält die Paviane auf Distanz. Alle sind gespannt, ob das Wetter hält. Es werden Witze darüber gerissen, in welchem Zustand sich die Kondition jedes einzelnen befindet. Schließlich sind wir fast drei Monate im Sitzen gereist.
Hier in den Tropen heilen Wunden sehr schlecht bis gar nicht. Winzige Kratzer oder Mückenstiche eitern meist schon am nächsten Tag und werden

immer größer. Uwe hat auch zwei Stellen am Knöchel, die sicherheitshalber verbunden werden. Wir freuen uns auf Bewegung und sind guter Dinge.

Ich will nach oben. Aber nicht zu schnell. (J. Ullrich)

Freitag, 4. Mai 2001
Die Herausforderung: 5.199 Meter über dem Meer, sind wir fit?

Um 6 Uhr morgens zeigt sich der Berg wolkenlos. Zebras grasen nahe bei den Hütten und die Affen sind auch schon auf den Beinen.

Unsere Gruppe am Parkeingang des Mount Kenia Nationalpark

Auf 9 Kilometern müssen wir knapp 700 Höhenmeter bewältigen. Rechts und links des Weges wächst dichtes, hohes Grün. Baumriesen, von denen lange Flechten hängen, und dichtes Buschwerk geben nur selten den Blick auf das Umland frei. Immer dichter werden die Wolken und ein steter Wind treibt sie vehement an den Mount Kenia, der irgendwo im Nebel vor uns aufragt. Auf den letzten Drücker erreichen wir um 13 Uhr die schützenden Dächer der Old Moses Hut, dann prasselt der Regen nieder. Die Hütte ist sauber und ordentlich, aber kalt. Als der Regen nachlässt und sich die letzten Wolkenfetzen verziehen, liegt etwa 1.000 Höhenmeter tiefer Nanyuki, umrahmt von Grün und nochmals Grün. Im Hintergrund ragt in weiter Ferne das Ziel, der Gipfel des Mount Kenia, über die Höhenzüge. Der Mond nimmt zu und hell steht der schneebedeckte Gipfel des Berges an dem mit Sternen geschmückten Nachthimmel. Uwe geht es nicht gut, er schwitzt und friert gleichzeitig, zudem hat er sich noch eine große Blase an der Fußsohle gelaufen. Morgen um 6 Uhr soll es weitergehen zur nächsten Hütte. Auf 4.200 Metern erwartet uns das nächste Lager.

Die bequemste Art zu reisen ist getragen zu werden. (K. Grünberg)

Samstag, 5. Mai 2001
Erste Grenzen zeichnen sich ab

Es wird langsam Tag und die ersten Höhenmeter liegen schon hinter uns. Die Luft ist dünn auf dieser Höhe und das Gepäck auf dem Rücken wiegt

Beim Aufstieg zwischen Riesenlobelien, Senezien und Fackellilien

schwer. Als die Sonne über die Gipfel scheint wird es sehr warm und ein Kleidungsstück nach dem anderen verschwindet im Rucksack. Der Boden ist wegen der täglichen Niederschläge feucht und als wir ein Hochmoor queren, geht dies nicht ohne nasse Füße. Uwe leidet heftig unter seiner Blase am rechten Fuß. Die Zeit drängt, da schon wieder dicke Quellwolken am Himmel sind und sich die Sonne nur noch selten zeigt. Die Nebelschwaden, vom Wind getrieben, fangen uns ein. Wie finstere urzeitliche Gestalten erscheinen nun die mannshohen Riesenlobelien, Senezien und Fackellilien im Grau. Der Berg hat sich in einen undurchsichtigen Wolken-

schleier gehüllt und ich weiß nicht so recht, wo ich eigentlich vorbei- und entlanglaufe. Es ist bitter kalt geworden. Laut Aussage unseres Führers Elliot ist es nicht mehr weit, und das schon seit zwei Stunden. Die Hütte ist gerade erreicht und das Teewasser aufgesetzt, als ein Donnergrollen das tägliche Regenschauspiel einleitet.
Uwe geht es leider gar nicht gut. Er hat ein leichtes Fieber und Kopfweh. Dazu plagen ihn die Blasen an den Füssen und der schmerzende Rücken. Er hat sich eigentlich den ganzen Weg nur geschunden. Auf die Frage, warum er denn nicht unten geblieben ist, sagt er, hier bin ich näher bei dir, wenn du morgen auf den Gipfel gehst. Spätestens um 3 Uhr ist der Abmarsch zum Gipfel geplant. Dicke fette Mäuse sind hier in dieser Hütte zu Hause, sie sitzen ganz frech in der Küche und suchen nach Fressbarem. Um 23 Uhr krabbelt Uwe auf mein Bett. Er schlottert vor Kälte und fühlt sich elend. Sieht nach Fieber aus. Ich habe nun doch so meine Bedenken, ob er mit aufsteigen soll.

Alle Reisen haben eine heimliche Stimmung, die der Reisende nicht ahnt. (M. Buber)

Sonntag, 6. Mai 2001
Gibt es einen Gipfelkuss oder ein böses Ende?

Das Aufstehen fällt schwer. Aber um 2.30 Uhr sind wir auf den Beinen. Bei hellem Mondschein marschieren wir los. Es ist eine stille, wunderbare Nacht. Der volle Mond wirft seinen Schein wie Flutlicht in den Talkessel, die Sterne rings um ihn verblassen. Die Temperatur beträgt minus zwei Grad und der Boden ist fest gefroren. Steil, ja senkrecht geht es den Berg hoch, Schritt für Schritt. Wer hat wohl diesen Weg angelegt? Sicherlich kein deutscher Alpinist, denn dann wären hier Serpentinen. Ein elendes steiles Stück gilt es zu überwinden. Als sich der Mond hinterm Horizont verabschiedet, wird es erstmal richtig dunkel. Die Stunde vor der Dämmerung ist bekanntlich die dunkelste. Ein Stern nach dem anderen verschwindet. Als sich die Nacht langsam der blauen Stunde des Morgens ergibt, zeichnen sich die Umrisse der Berge schwarz wie ein Scherenschnitt am Himmel ab.
Wir steigen höher und höher, erhaschen zwischendurch einen Blick auf den zartroten Streifen im Osten, der die Sonne ankündigt. Es ist wunderschön. Immer öfter halten wir inne, um die Aussicht auf das Licht- und Schattenspiel zu genießen und um Atem zu holen. Tief unten ein Wolkenmeer. Die

Berge färben sich rot im Licht der ersten Sonnenstrahlen. Alle Anstrengung ist vergessen, als die Sonne sich über die Wolken hebt und ihre wärmenden Strahlen auf uns treffen. Es sind auch nur noch wenige Meter bis zum Gipfel, dem Point Lenana.
Uwe und ich tauschen den Gipfelkuss auf 4.980 Metern über dem Meer.

Point Lenana auf 4.980 Meter Höhe

Wir sind erschöpft aber glücklich und blicken vom höchsten Berg Kenias über Afrika. Der Hauptgipfel, der Mount Batian mit 5.199 Metern, liegt greifbar nahe. Aber er ist nur für Kletterer mit Gurt und Seil erreichbar.
Uwe schmerzen die Blasen an seiner Fußsohle, die Zehen und der Rücken, er ist nur noch müde und möchte irgendwo schlafen. Meter für Meter steigen wir tiefer. Plötzlich rutsche ich ab, und begleitet von einem lauten Knacks, fährt ein stechender Schmerz in mein Kniegelenk. Die Luft bleibt mir kurz weg und erstaunt stelle ich fest, dass sich das Knie nicht mehr ohne Schmerzen beugen lässt.
Die Hütte schon im Blick, liegen noch gut 450 Höhenmeter bis dahin vor mir. Meter für Meter taste ich mich über das Geröll. Obwohl ich in einem Schneckentempo nach unten humpele, fällt Uwe weit zurück. Schließlich verliere ich ihn aus den Augen.
An der Hütte angekommen legen mir die Kameraden wohltuende kalte Umschläge an und ein entzündungshemmendes Medikament wird auch nicht schaden.

Wie an den Tagen zuvor braut sich bis um 14 Uhr ein Gewitter zusammen. Kurz bevor der Regen einsetzt, erscheint auch Uwe.
Es schüttet wieder in Strömen und in der Hütte wird es erbärmlich kalt. Mein dick angeschwollenes Knie lässt sich am Abend nicht mehr beugen. Zeitig liege ich im Bett, der Schmerz durchdringt mich bis ins Mark und an Schlaf ist nicht zu denken.

Achte auf den Ort, an dem du weinen wirst, denn dort liegt dein Schatz begraben. (Arabischer Spruch)

Montag, 7. Mai 2001
Wo ein Wille ist, da ist auch ein Weg

Die Nacht, schmerzvoll und schlaflos, findet ein Ende. Es ist erstaunlich, was sich in den Rucksäcken meiner Reisefreunde alles findet. Bestes Verbandsmaterial ist mit von der Partie. Mit einigen Binden und Tape kommt ein straffer Verband an das verletzte Bein.
Kurz vor 6 Uhr ziehe ich los, um einen Vorsprung auf dem Weg ins Tal zu haben. Das dick angeschwollene Knie pocht und ich habe schlimme Schmerzen. Uwe begleitet mich. Unser Vorsprung hält nicht lange, bald werden wir von unserer Gruppe überholt. Während schon wieder dicke, schwarze Wolken am Himmel hängen, kämpfen wir uns leidend nach unten. Der 8 Kilometer lange Fußweg von der Old Moses Hütte zum Tor bleibt mir durch den selbstlosen Einsatz meiner Freunde erspart. Trotz der katastrophalen Wegbedingungen fahren sie mir mit dem Auto entgegen und erlöst steige ich ein.
Dicke Wolken brauen sich am Himmel zusammen, es tröpfelt und Eile ist geboten. Der schlechte Weg vom Parkeingang bis nach Sirimon zur Hauptstraße liegt noch vor uns.
Glücklich kommen wir wieder in Nanyuki auf dem Camp an und, wie sollte es anders sein, es regnet auch hier.
Uwe hat böse Wunden an den Füßen. Nachdem sie versorgt sind, haben wir nur noch das Bedürfnis zu liegen.

Situationen und Momente, die Menschen an den Rand dessen führen, was sie können, schälen den wahren Kern heraus. (Ich)

Dienstag, 8. Mai 2001
Alles „akuna matata"

Wieder einmal trennt sich unser Grüppchen, dieses Mal wohl endgültig. In der Stadt lassen wir für 10 Euro den Reifen flicken und kaufen Obst und Eier. Uwe kann nur mit Mühe Auto fahren. An mehreren Zehen entwickeln sich schmerzhafte Nagelbettentzündungen. Von der gemeinen Blase an der Fußsohle gar nicht zu reden. Mein Knie ist unförmig dick und schmerzt sehr.

Wir überschreiten den Äquator

Die Weiterfahrt führt uns durch eine grüne Landschaft, in der jeder Flecken Boden genutzt wird. Die Ortschaften am Weg sind bunt und lebendig. Das Angebot an Früchten der Saison ist vielfältig. Mangos, Avocados, Passionsfrüchte, Bananen, Ananas, Karotten, Kohl, Zucchini und vieles mehr. Es gibt Märkte mit allem, was das Herz begehrt. Ein Souvenirshop am Straßenrand lädt uns zu einem Bummel ein. Aber irrwitzige Preise der Industrieware halten uns von einem Kauf ab.
Die ersten Vororte und eine zweispurige Straße kündigen die Hauptstadt Nairobi an. Riesige Werbeplakate verheißen die Freiheit von Coca Cola und vielem mehr. Der Verkehr ist belebt, aber im Gegensatz zu Khartum finden sich hier Straßenschilder, die wir auch lesen können.
Wir steuern zuerst zielstrebig die Polizeistation an, da uns noch immer die offiziellen Einreisestempel für Kenia fehlen. Die Beamten sind hilfreich und freundlich. Sie verweisen uns an die Immigrationbehörde drei Straßen weiter. Langsam wird es eilig, da die Ämter für gewöhnlich um 15:30 Uhr schließen. Um fünf vor halb vier stürme ich in das Gebäude, soweit man mit einem lädierten Knie davon reden kann. Ich bin falsch. Eine Frau erklärt mir freundlich den Weg und sagt mir, ich solle schnell laufen, da um halb vier der Schalter schließen würde. Die Passanten auf der Straße betrachten mich sonderbar, als ich humpelnd um das große Gebäude hetze.

Der Schalter ist geöffnet und zwei Männer sind noch vor mir. Dann bin ich schon an der Reihe und erkläre dem erstaunten Mann, wie wir über den Turkanasee eingereist sind. Da wir glücklicherweise die Visa in bereits in Addis Abeba geholt haben, muss ich nun nur noch die Einreisezettel ausfüllen. Leider habe ich keinen Kugelschreiber, das nervt total, die Zeit rückt voran. Ich halte die Zettel in der Hand und blicke suchend um mich. Da hantiert ein Mann in Anzug und Krawatte an seinem Aktenordner. Ohne dass ich etwas sage, leiht er mir seinen sehr eleganten Kugelschreiber. Während ich hastig das Formular ausfülle, fragt mich eine Frau, ob ich ihr meinen Schreiber leihen könnte. Ein echter Notstand hier. Der Mann ist sehr reizend und bemerkt nur, alle können und wollen schreiben, aber niemand hätte einen Kugelschreiber. Das Lachen der Anwesenden erfüllt den Raum. Dann geht der Mann und der Frau wird anderweitig geholfen. Nun fehlt nur noch der Stempel im Pass von Uwe. Auch das klappt bestens, und alles ist „akuna matata" – was soviel heißt wie „o.k." „Asante sana" – „Danke schön". Wenn ich könnte, würde ich vor Freude hüpfen. Es ist sieben Minuten nach halb vier, als ich das Gebäude verlasse. Aber wo ist Uwe, er wollte einen Parkplatz suchen? Der Parkwächter, der sich an das Auto erinnern kann, hilft mir, Uwe zu suchen.
Nun machen wir uns auf den Weg zum Camp in Upperhill. Fast eine Stunde kurven wir durch den Stadtteil. Hartnäckig und stur frage ich immer wieder nach dem Weg, obwohl Uwe keine Lust mehr hat zu suchen. Dann endlich zeigt uns ein Pförtner die richtige Richtung.
Die Zehen von Uwe sehen schlimm aus. Sie schillern in allen Regenbogenfarben. Zwischen Nagel und Nagelbett lässt sich der Eiter herausdrücken. Die Planung des morgigen Tages hängt von unserem Gesundheitszustand ab. Ein Krankenhaus ist in der Nähe, aber um da reinzugehen, fühlen wir uns noch nicht schlecht genug. Der Gedanke an einen Besuch im Krankenhaus verschafft mir sogar eine leichte Besserung. So werden wir uns mit der Zeit wohl selber gesund pflegen.
Sehr spannend ist es, nachzublättern, wie die Geschichte zu Beginn des 19. Jahrhunderts weitergeht. Da erobert der Sultan Seyyid Said von Oman die Stadtstaaten nördlich des Kap Delgado und beginnt den Sklavenhandel. Im gleichen Jahrhundert teilen die Europäer Ostafrika untereinander auf. Im Jahr 1873 schließlich stimmt Saids Sohn der Abschaffung der Sklaverei zu. Ab 1886 konzentrieren die Briten sich auf Kenia. 1902 dient Kenia den Briten als Stützpunkt im Ostafrikafeldzug gegen die Deutschen während des 1. Weltkrieges. Im Jahr 1944 bildet sich die nationalistische Kenya African Union (KAU), deren Vorsitzender 1947 Jomo Kenyatta wird.

1952 beginnt eine Geheimgesellschaft der Kikuyu einen Aufstand gegen die Kolonialherrschaft. Für aufregende Zeiten sorgt der so genannte Mau-Mau-Aufstand. Die Gewalt endet 1956. 1961 erlangt die Kenya African National Union (KANU) die Mehrheit. Kenyatta wird 1961 freigelassen und führt die Partei 1963 zum Wahlsieg. 1963 wird Kenia in die Unabhängigkeit entlassen. Kenyatta wird Präsident, er stirbt 1978. Sein Nachfolger, Daniel Arap Moi, erklärt Kenia 1982 jedoch zum Einparteienstaat. Ein Schritt zurück? Die Welt horcht auf und westliche Staaten stellen 1991 ihre Wirtschaftshilfe ein. Durch diesen Druck kommt es 1992 zu den ersten Mehrparteienwahlen seit 26 Jahren. Staatsoberhaupt Daniel Arap Moi wird bei den Präsidentschaftswahlen 1997 erneut im Amt bestätigt. 2001 werden erstmals Abgeordnete einer Oppositionspartei in die Regierung mitaufgenommen.

Eine Reise über einen langen Zeitraum gibt mehr als einmal Gelegenheit, Menschen kennenzulernen. (Unbekannt)

Mittwoch, 9. Mai 2001
Wundenlecken in Nairobi

Der Morgen läuft gemütlich an. Wir gehen zur nahen Haltestelle beim Kiosk und fahren mit dem Linienbus in die Innenstadt. Das Gebäude der Kanupartei ist 26 Stockwerke hoch. Von hier oben haben wir eine herrliche Sicht auf Nairobi. An klaren Tagen kann man neben dem Kilimandscharo auch den Mount Kenia sehen. Führer Peter erklärt uns den Rundblick und die vielen markanten Bauwerke. Wir erleben auf den ersten Blick ein sauberes und modernes Nairobi. Die Menschen sind geschäftstüchtig, aber nicht aufdringlich, viele modisch und sehr gut gekleidet. Allerdings waren wir nicht in jeder Gasse. Es gibt hier viele Menschen, die in bitterer Armut leben.
Die Verletzungen an den Beinen plagen uns sehr. Im berühmten Old Stanley Hotel entspannen wir bei einem erstklassigen Cappuccino und fahren mit dem Bus wieder zurück.
Am Kiosk, bei der Haltestelle, kaufen wir noch Verschiedenes ein und schleppen uns die letzten Meter zum Camp zurück. Da kommt hinter uns ein aufgeregter Bub angerannt. Völlig zerstreut habe ich den Reiseführer am Kiosk liegen lassen. Der Junge heißt Daniel. Er lehnt meinen Finderlohn ab mit der Begründung, er wäre Christ und wir sollen einfach auch jemandem bei Gelegenheit helfen.

Schon von Weitem haben wir den IFA auf dem Camp gesehen. Wir setzen uns zusammen und der Nachmittag wird sehr gemütlich. Uwe badet seine lädierten Füße. Er ist gepeinigt mit seinen Zehen und der Blase, die nicht heilen will. Dieses Klima lässt einen Heilungsprozess ohne Eiter sowieso nicht zu. Kleinste Verletzungen werden meist erst dreimal größer, bis sie dann langsam zuheilen. Da geht es mir mit dem dicken Knie ja richtig gut. Falls wir uns morgen besser fühlen, fahren wir in Richtung Amboseli Nationalpark.

Das Universum kann man nicht so erforschen, wie man sich selbst erforschen kann. Erkenne dich selbst, dann erkennst du das Universum. (M. Gandhi)

Donnerstag, 10. Mai 2001
Von der Metropole zurück zur Natur

Der Morgen ist sehr kühl und der Tag beginnt mit einem ausgiebigen Abschiedsfrühstück vor dem IFA.
Der anschließende Ausflug in den großen Supermarkt mit den vollgestopften Regalen vermittelt uns ein eigenartiges Gefühl. Die letzten Reisewochen waren sehr spartanisch und wir sind mit wenigen einfachen Dingen gut zurechtgekommen. Nun könnten wir alles kaufen und brauchen doch so wenig. Eine Stunde später ist der Spuk zu Ende und wir verlassen die Stadt auf dem Uhuru Highway in Richtung Mombasa, vorbei an riesigen Fabriken und Fertigungshallen.
Die Landschaft wird immer grüner, große Farmen liegen zu den Füßen der Ngongberge. Die Heimat von Tanja Blixen. In dieser herrlichen Landschaft spielt die Geschichte des Romans und Films „Jenseits von Afrika".
Als in Athi River die Straße nach Namanga abgeht, liegt das moderne Nairobi etwa 100 Kilometer in nördlicher Richtung hinter uns. Die Dörfer hier sind denen im Norden Kenias ähnlich. Die Menschen, Angehörige vom Stamm der Massai, kleiden sich fast alle traditionell. Die Landschaft platzt schier vor lauter Fruchtbarkeit, alles ist satt und grün.
Richtung Amboseli-Park bekommt die Landschaft wieder ein anderes Gesicht. Der Bewuchs wird spärlicher und auf unzähligen Hügeln wachsen ausnahmslos kleine Akazien. Es liegen kaum noch Orte am Weg, die Geschäfte werden wieder kleiner. Immer weniger Menschen sind zu sehen. Das Leben hier wirkt schläfrig und steht in keinem Vergleich zum geschäftigen Nairobi. Um 16 Uhr erreichen wir die Grenze nach Tansania. Kurz

vorher zweigt die Straße zum Amboseli-Park nach links ab. Von hier sind es noch 30 Kilometer bis zum Eingangstor. Giraffen, Zebras und Springböcke grasen am Wegesrand. Die Weiterfahrt durch den Park ist schön. Es hat geregnet und die Tiere, besonders die Nilpferde, fühlen sich sehr wohl. Gnus und Marabus sind zu sehen. Kurz vor Einbruch der Dunkelheit erreichen wir das Camp. Es ist ein einfaches Buschcamp, ohne einen Zaun, der Mensch und Tier trennt. Für 300 Schilling gibt es nur ein Plumpsklo.
Kaum ist es dunkel, traktieren uns große Heuhüpfer. Sehr große Spinnen huschen schnell zwischen den Tischbeinen umher. Dann raschelt es im Müllbeutel, ich gehe nachsehen. Da sitzt ein Hund mit einer halben Kartoffel im Maul. Wir verarzten unsere Wunden und verziehen uns zeitig ins 1000 Sterne Hotel.

Verreise nie mit jemandem, den du nicht liebst. (E. Hemingway)

Freitag, 11. Mai 2001
Mit Militärschutz zum Tsavo Park

Die Nacht ist ruhig. Nur das laut aufgedrehte Radio der Massai, welche das Camp betreuen, stört uns.
Der Mount Kilimandscharo will sich am Morgen nicht so recht zeigen. Er ist eingehüllt in einen Wolkenschleier. Nur ganz kurz schaut er hinter dem Dunst hervor und gewährt einen Blick auf sich. Wie eine schöne Frau, die einen Blick gewährt, den der Betrachter sich heiß ersehnt.
1848 wurde der Berg erstmals von dem deutschen Missionar Johannes Rebmann gesichtet. Seinen Schilderungen von einem mit Schnee bedeckten Berg mitten in der Savanne wollte man in Europa damals nicht so recht Glauben schenken. Wer den Blick von diesem Gipfel, dem Uhuru Peak (Freiheitsgipfel) genießen will, sollte fünf bis sechs Tage Zeit einplanen. Es lohnt sich, aber dieses Mal haben wir leider keine Zeit.
In aller Ruhe erkunden wir den Amboseli-Park. Dieser ist berühmt und viel besucht, wohl auch, weil er günstig liegt, sozusagen fast auf dem Weg von Nairobi nach Mombasa oder Arusha. Wegen der starken Regenfälle ist die Straße überflutet. Auf dem so entstandenen großen See fühlen sich tausende von Flamingos wohl. Wir müssen einen kleinen Umweg fahren. Dabei stoßen wir auf einen großen Tümpel. Laut und vernehmlich hören wir die badenden „Hippos" grunzen.

Leider nimmt die Bewölkung immer mehr zu. Eine Herde Elefanten zieht in unsere Richtung. Gemächlich wandern die grauen Riesen vor uns über den Weg. Zebras und eine große Anzahl Gnus tummeln sich neben den Wegen. Die Springböcke sausen übermütig umher, als erste Regentropfen fallen. Auf dem Weg zum Parkausgang in Richtung Tsavo grast eine Herde Wasserbüffel.

Vom Ausgangstor sind es noch 90 Kilometer bis zum Tsavo Park. Die letzten 60 Kilometer werden wir von einem bewaffneten Soldaten begleitet. Er steigt unterwegs zu. Da der Landy ein Zweisitzer ist, nehme ich den unbequemen Platz auf der Mittelkonsole ein.

Vor einigen Jahren wurden auf dieser Strecke vier Deutsche von Banditen brutal ermordet. Daher kommt es nun zu dieser strengen Sicherheitsmaßnahme.

Unterwegs passieren wir ein ausgedehntes Lavafeld. Vor 100 Jahren hat sich ein glühender Magmastrom hier den Weg durch den Busch gesucht.

Es ist 18 Uhr, als wir das Tor zum Park erreichen.

Es gibt unterschiedliche Preiskategorien. Touristen werden im Gegensatz zu den Einheimischen stärker zur Kasse gebeten. So beläuft sich das Eintrittsgeld in den Park für uns auf 23 US-Dollar pro Kopf, Einheimische bezahlen hingegen drei US-Dollar.

Wir Deutschen reisen hauptsächlich um den Baedeker auf seine Richtigkeit zu kontrollieren. (A. Rothenberger)

Samstag, 12. Mai 2001
Gamedrive im Tsavo Park

Um halb zwölf passieren wir das Tor zum Park. Mitten auf dem Weg sitzt eine Schildkröte, eilig macht sie sich davon. Die Büsche sind hoch und daher ist es schwer, Tiere zu entdecken. Nicht zu übersehen sind allerdings die Giraffen. Weit ragen die schlanken Hälse über das dichte Buschwerk. Nur wenige Meter trennen uns von den eleganten Tieren, die ruhig verharren und mit den Ohren wackeln. Noch strahlt die Sonne vom Himmel, aber die Wolkenberge werden schon wieder bedenklich hoch.

Im Park gibt es sehr luxuriöse Herbergen, von denen wir uns eine näher betrachten. Völlig eingestaubt betreten wir humpelnd die Edellodge. Von einem livrierten Angestellten werden uns schneeweiße, feuchtwarme Tücher zum Frischmachen gereicht. Unser Erscheinungsbild wird dabei vom

sehr gut geschulten Personal souverän übergangen. Ich bin begeistert von dieser Unterkunft, doch Uwe fühlt sich hier nicht so recht wohl. Möglichst unauffällig legen wir die ehemals weißen Tücher ab und gehen.
Es regnet schon wieder. Wir verlassen den Park und suchen einen Platz für die Nacht. Uwe schwenkt nach links ins Unterholz. Der Landy rumpelt durch die Sträucher. Ohne von jemandem beachtet zu werden, erreichen wir einen großen Baobab. Dieser Platz ist sehr gemütlich, hat aber seine Zicken, oder vielmehr Zecken. Ständig finden wir irgendwo an uns einen Blutsauger.

Unsere glücklichsten Augenblicke als Touristen scheinen sich immer dann einzustellen, wenn wir über eine Sache stolpern, während wir eigentlich etwas ganz anderes gesucht haben. (L. Block)

Sonntag, 13. Mai 2001
Die höchste Dame Afrikas und aus dem Ei ins Meer

Die Hauptverbindungsstraße von Nairobi nach Mombasa ist in einem gutem Zustand und stark befahren. Der LKW-Verkehr von und nach Mombasa, das etwa 520.000 Einwohner hat, rollt geschäftig. Bei einem routinemäßigen Blick in den Rückspiegel zeigt sich der Kilimandscharo in seiner ganzen Pracht.

Kilimandscharo, 5.895 Meter hoch

Eine Haube aus ewigem Eis ziert, wie ein kokettes Hütchen, den 5.895 Meter hohen Riesen. Er ist der höchste Berg Afrikas.

Über viele Kilometer zieht sich zu unserer Linken das Yatta Plateau hin und große Baobabs zieren die grüne Landschaft.
Viele Ortschaften wirken leblos und verwahrlost. Die Menschen in Kenia schützen sich gerne mit einem Regenschirm vor der Sonne. Das ist uns um sehr vieles sympathischer als die Waffen tragenden Äthiopier.
Mombasa macht einen heruntergekommenen und schmuddeligen Eindruck. Wir landen direkt im Hafen und finden zügig den Weg zur Fähre. Das feuchte Klima setzt den Häusern arg zu. Der Zerfall ist nur mit ständiger Pflege und Erneuerung aufzuhalten. Die Stromleitungen hängen tief in die Straßen. An vielen Häusern blättert die Farbe ab und die Fensterscheiben sind kaputt. Die wenigen gepflegten Bank- und Versicherungshäuser dazwischen wirken fast fehl am Platz. Nichts, was uns zum Bleiben bewegt, hat diese Stadt.
Es sind nur noch wenige Kilometer bis zum Tiwi Beach. Hier werden wir einige Tage Urlaub machen und ich sehe mich schon unter Palmen am Strand liegen.
Da es sehr windig ist, kann Uwe kiten gehen. Der Passatwind ist sehr böig und macht seine Sperenzchen mit dem Kite. Uwe hat nicht besonders viel Spaß, aber das knietiefe Wasser ist wenigstens warm.
Die Strahlen der untergehenden Sonne zaubern ein schönes Lichtspiel in die über das Wasser jagenden Wolken.
Ich wasche unsere Wäsche der letzten Woche und hänge sie zwischen zwei Kokosnusspalmen auf.
Es ist bereits dunkel, als sich unter den Palmen etwas bewegt. Frisch geschlüpfte Schildkröten arbeiten sich aus dem Sand hervor. Wir sammeln die Tiere in einen Eimer und bringen sie zum Meer hinunter.
Die ganze Nacht ist die Brandung zu hören. Für Uwe hört sich das an wie an der Autobahn. Ich hingegen finde es romantisch und einschläfernd.
Mitten in der Nacht fängt es an zu regnen und die Luft wird unangenehm schwül.

Um sich zu unterrichten, genügt es nicht, dass man nur Länder durcheilt; man muss zu reisen wissen. Um zu beobachten, muss man Augen haben und sie auf den Gegenstand richten, den man kennen lernen will.
(J. J. Rousseau)

Montag, 14. Mai 2001
Wetterlaunen am Tiwi Beach

Am Morgen prasselt der Regen auf das Dachzelt. Abwechselnd sitzen wir im Auto oder liegen im Zelt, aber nicht unter Palmen, wie ich es mir erträumt habe. Der Wind reißt an der Regenhülle vom Zelt. Immer wieder müssen wir sie neu befestigen. Uwe ist gnadenlos genervt und er sagt oft dieses unschöne Wort Sch...! Unsere Stimmung rutscht langsam aber sicher zum Tiefpunkt. Da passt unsere Wäsche auf der Leine gut dazu. Sie hängt, tropfnass und nicht gerade sauberer als vorher zwischen den Palmen, da der Regen allerhand Dreck von den Bäumen mit sich bringt.
Die ganze Nacht regnet und stürmt es weiter und wir schlafen nicht gut.

Wer ununterbrochen vorwärtsmarschiert, steht die Hälfte seines Lebens auf einem Bein. (M. Bieler)

Dienstag, 15. Mai 2001
Wieder droht Arrest

Am Morgen nutzen wir eine kurze Regenpause, um zur Dusche zu sausen. Auf dem Weg zurück gibt es dann einen Vollwaschgang vom Himmel.
Immer noch hängen die Wolken tiefschwarz über dem Wasser. Es ist kalt geworden. Der Tiwi Beach ist kein geeigneter Ort, um auch bei schlechtem Wetter entspannt Urlaub zu machen. Da keine Wetterbesserung in Sicht ist, steht für heute die Ausreise nach Tansania an.
Die nasse Wäsche packe ich in eine Wanne. Beim Zeltabbauen ergießt sich angestauter Regen unter die Matratze. Das Bettzeug samt Matratze muss mit nach unten ins Auto. Das sieht zwar aus wie ein schlecht gemachter Umzug, ist aber die einzige Chance das die Sachen trocknen.
Wir trösten uns mit positiven Gedanken und sind sicher, dass alles nur noch besser werden kann.
Vor uns eine der vielen Polizeikontrollen in Kenia. Alle Kontrollen waren bisher belanglos. So denken wir auch diesmal nichts Böses, als uns eine freundliche Mama in Uniform an den Straßenrand winkt. Sie fragt nach dem Versicherungsschein. Uwe stellt sich etwas dumm und versucht den Fahrzeugschein anzupreisen. Doch die Uniformierte pocht auf das Versicherungspapier und verlangt auch den Internationalen Führerschein. Sie ist schon weniger freundlich, uns schwant Übles. Mit Recht! Die Dame droht mit Arrest und 2.000 Keniaschilling will sie auch noch. Uwe erzählt von

unserer Einreise am Turkanasee. Er erklärt der Polizistin, dass uns dort niemand gesagt hat, dass eine Versicherung nötig sei.
Nur der Umstand, dass wir schon auf dem besten Weg sind, Kenia zu verlassen, lässt die Polizistin milder blicken. Sie beratschlagt sich mit ihrer Kollegin. Diese fragt mich, mit Blick auf das Kreuzchen am Rückspiegel, ob wir Christen seien. Wir tauschen einige Belanglosigkeiten aus und es passiert nichts weiter. Schließlich erhebt die Beamtin mahnend ihren Zeigefinger und erklärt, dass wir nächstes Mal eine Versicherung mitbringen sollen. Dann schenkt sie uns ein breites Lächeln und mit „God bless you" (Gott segne dich) werden wir entlassen. Schleunigst fahren wir in Richtung Grenze. Beschwingt baumelt das Holzkreuzchen, Uwes Nachbarin hat es uns auf die Reise mitgegeben, am Rückspiegel. Ein Muttergottesmedaillon, das wir in Äthiopien gefunden haben, schaukelt im Takt der Bodenwellen mit. Palmen, Mais, Reis – das Land ist grün, grün und nochmals grün. Das Gras wächst bis in die Straße und alle Baobabs sind belaubt.

Der Mensch von heute hat nur ein einziges wirklich neues Laster erfunden, die Geschwindigkeit. (A. Huxley)

6. Kapitel - Tansania

Fläche: 945.087 km², Einwohner: 30 Millionen, Ethnien: Haya, Makonde, Njamwesi, Massai, Suaheli, Hauptstadt: Dodoma 230.000 Einwohner, Verwaltung in Dar es Salaam, Währung: 1 US-$ = 343.75 Tansania-Schilling.

Tansania grenzt im Norden an den Victoriasee und an Uganda, im Nordosten an Kenia, im Osten an den Indischen Ozean, im Süden an Mozambique und an Malawi, im Südwesten an Sambia und im Westen an den Tanganjikasee (die Grenze zum Kongo) sowie an Burundi und Ruanda. Zu dem Land gehören auch die Inseln Sansibar und Pemba sowie weitere Inseln im Indischen Ozean. In Tansania gibt es über 100 verschiedene Sprachen. Aber zur Kommunikation zwischen den Angehörigen unterschiedlicher Volksgruppen greift man in der Regel auf Suaheli zurück.
Mit unseren Englischkenntnissen sind die Formalitäten problemlos zu bewältigen und in weniger als einer Stunde sind wir in Tansania eingereist. Wie es dazu kam, dass dieses Land deutsche Kolonie wurde? Nun, der Deutsche Carl Peters reist 1884, ohne Regierungsauftrag, nach Ostafrika, schließt sogenannte Schutzverträge ab und erwirbt auf diese Weise riesige Flächen für das Deutsche Reich. Das Deutsche Reich und Großbritannien einigen sich 1890 im Helgoland-Sansibar-Vertrag über ihre Einflussbereiche in Ostafrika. Deutschland bekommt Helgoland zugesprochen und die Engländer Sansibar. Später noch mehr zur Geschichte.
Momentan fasziniert uns dieses Land, das ebenso grün ist wie Kenia. Die Straße wird wieder besser und wir erreichen nach einer Fahrt durch weitere Kokosnussplantagen und Reisfelder die Stadt Tanga mit 160.000 Einwohnern. Die Polizei kontrolliert uns und fragt nach dem Woher, Wohin usw. Die Beamten erklären, dass dies alles unserer Sicherheit dient. Also bedanken wir uns sehr freundlich. Es gelingt uns auf den letzten Drücker noch einige Dollars einzutauschen. Wir fahren 30 Kilometer an der Küste entlang und wieder ist alles grün, dazwischen Lehmhäuser. Alles ist ordentlich und sauber. Schöne Obst- und Gemüsestände stehen an der Straße. Die Menschen sind zurückhaltend.
Wir stehen auf dem Peponicamp für 4 US-Dollar pro Kopf mit Blick auf das Meer. Alles ist super picobello, blitzsaubere Duschen und Toiletten. Die gesamte Anlage ist liebevoll mit Blumen und Wegen angelegt. Kleine Dächer, die Schatten spenden, sofern die Sonne scheint. Wir hängen unsere Wäsche auf und der Wind hilft sie zu trocknen.

Peponicamp am indischen Ozean

Allerdings bringt dieser Wind auch die schwarzen Wolken immer näher. Wir haben Gesellschaft von einem kleinen Hund bekommen. Treu bewacht er uns die ganze Nacht und bellt, wenn am Strand Leute vorbeigehen.

Nur aufs Ziel zu sehen verdirbt die Lust am Reisen. (F. Rückert)

Mittwoch, 16. Mai 2001
Auf in trockenere Gefilde

Ein langer Fahrtag durch wenig spektakuläres Gelände liegt vor uns. Da ist die Geschichte viel interessanter. Tansania war nur für kurze Zeit deutsche Kolonie, bekannt unter dem Namen Deutsch-Ostafrika. Aber davor gab es schon anderes.
Dieser Küstenstreifen ist bis zur Ankunft der Portugiesen im frühen 16. Jahrhundert das Land der Zandj. Die arabisch-afrikanische Mischbevölkerung treibt Handel bis nach Indien und China. Die einrückenden Portugiesen zerstören viele ihrer Städte, sie werden aber ihrerseits 200 Jahre später von den Arabern unter der Führung des Sultans Oman wieder vertrieben. Bis zum 19. Jahrhundert verbleibt der Küstenstreifen in osmanischer Hand. Ende des 19. Jahrhunderts wird Tanganjika der deutschen Kolonialmacht zugeteilt. Das Deutsche Kaiserreich verliert Tanganjika nach dem ersten Weltkrieg an die Engländer. 1954 gründet Julius Kambarage Nyerere die TANU (Tanganjika African National Union). Tansania wird 1962 unabhängig und Nyerere bleibt für 24 Jahre Präsident.
Das Frühstück findet ein jähes Ende. Der Himmel wird immer dunkler. Schnell, ehe der Regen einsetzt, bauen wir das Zelt ab und räumen die Wä-

sche ins Auto. Das hätte auch keine fünf Minuten länger dauern dürfen, schon fallen die ersten dicken Tropfen.

Die ausgewaschene Lateritstraße ist bei Regen eine schlüpfrige Angelegenheit. Der Landy fährt wie auf Glatteis. Reisfelder und Maisäcker werden bestellt. Mitten in dem ganzen Grünzeug wirken die bunten Kleider der Frauen wie riesige Blumen. Ein unglaublich farbenprächtiges Bild bietet sich uns. Palmen und Bananenstauden ragen aus den Tomatenpflanzungen und ein paar wenige Kühe und Ziegen stehen verloren umher. Jeder Meter Boden ist hier landwirtschaftlich genutzt. An den Straßenrändern sind große Berge Orangen angehäuft, sie werden später auf Laster geladen und zu Saftfabriken gebracht.

Baobab und im Hintergrund eine Sisalplantage

Wir treffen nach 40 Kilometern auf die Querverbindung Tanga – Mbeya und auf gutem Asphalt kommen wir schnell voran. Endlose Sisalplantagen wachsen entlang der Strecke. Die Straßenränder werden von Hand mit der Machete gemäht. Viele Arbeiter sind mit der schweren Aufgabe beschäftigt, das meterhohe Gras und Buschwerk niederzuhauen. Die Männer schuften meist mit freiem Oberkörper und die Schweißperlen lassen ihre schwarze Haut glänzen. Durch körperliche Arbeit und ausreichende Ernährung haben die Männer sehr schöne Körper, sie brauchen kein Fitnessstudio.

Wir durchfahren gegen 16 Uhr den Mikumi Nationalpark, eigentlich eine gute Zeit, um Tiere zu sehen. Aber das Gras ist viel zu hoch. In der Ferne

laufen einige Elefanten und Giraffen in Richtung Sonnenuntergang. In diesem Landstrich liegt ein Acker neben dem nächsten, und es ist unmöglich, den Landy dazwischenzuquetschen.
Aber mit viel Mühe finden wir einen geeigneten Platz für die Nacht. Ein aufgelassener Weg, oberhalb des Flusses Ruaha, bietet sich an. Von Weitem sind Stimmen zu hören, aber im dichten Busch ist nichts zu sehen. Viele kleine Fliegen und große stechende Bremsen zwingen uns früh ins Bett. So bleibt wieder etwas Zeit für die Geschichte.
Wir sind schon gespannt, wie es mit Nyerere und Tansania nach 24 Jahren Amtszeit weitergeht. Im November 1985 verzichtet Nyerere auf die Kandidatur für die Präsidentschaft. 10 Jahre bewegte politische Geschichte folgen. Im Oktober 1995 finden die ersten Präsidentschafts- und Parlamentswahlen seit Einführung des Mehrparteiensystems statt. Neues Staatsoberhaupt wird Benjamin William Mkapa. Bei den Parlamentswahlen vom 29. Oktober 2000 ist die regierende CCM erneut stärkste politische Kraft.

In der Fremde hört man mehr als zu Hause.
(Aus Tansania)

Donnerstag, 17. Mai 2001
Baobabwälder und ein Glücksschwein

Wir wollen Neues entdecken und nach dieser Nacht auf 400 Metern über dem Meer steht Malawi auf dem Tagesprogramm.
Die Nacht war kühl und wir sind gut ausgeruht für über 500 Reisekilometer. Abwechslungsreiche Landschaft und beste Straßenverhältnisse machen die Fahrt erträglich. Der Fluss Ruaha begleitet uns noch eine ganze Zeit und mit Staunen betrachten wir den Baobabwald. Über eine Strecke von einigen Kilometern steht ein Baobab am anderen, in allen Größen und natürlich in den witzigsten Formen. Gelbe, lila und weiße Wicken mit handtellergroßen Blüten ranken sich über Büsche und Sträucher und verleihen dem grauen Tag reichlich Farbe. Mais- und Sonnenblumenfelder begleiten die Straße bis auf eine Höhe von fast 2.000 Metern. Tomaten und nochmals Tomaten werden angeboten. Sie sind frisch geerntet, eine gute Gelegenheit für uns einzukaufen. Es ist kühl, große Kiefer- und Eukalyptuswälder wachsen hier. Das Holzrücken wird mit einfachen Mitteln bewerkstelligt. Nur Beile und Macheten werden zum Holzeinschlag verwendet. Eine Motorsäge ist hier Seltenheit. Viele fleißige Hände finden Arbeit. Das Brennholz für den Hausgebrauch wird auf dem Kopf oder mit dem Fahrrad transportiert. Der

Drahtesel dient im wahrsten Sinne des Wortes hier als Esel. Es gibt nichts, was nicht auf dem Fahrrad transportiert wird. Am Weg liegt ein kleines Sägewerk, ein Holzlaster mit auf fünf Meter zurechtgeschnittenen Bäumen kommt uns entgegen. Die dicken Baobabs versprechen auf den ersten Blick viele Festmeter Holz. Aber sie gehören zu den Sukkulenten und die sind zur Holzverwertung nicht geeignet, da ihr Holz weich und faserig ist.
Die Dörfer am Weg gleichen sich sehr. Braune Lehmhäuser mit kleinen Gärten und nur die Moschee, welche sich in jedem größeren Ort befindet, ist weiß getüncht.
Auf dieser Höhe wachsen immer weniger tropische Pflanzen. Dann und wann sind die Abfahrten in Tierparks ausgeschildert, eine der hauptsächlichen Einnahmequellen des Landes. Jährlich reisen rund 460.000 Touristen in das Land, um den Kilimandscharo oder die Nationalparks zu besuchen. Die Hauptbeschäftigungszweige sind die schon erwähnte Land- und Forstwirtschaft sowie die Fischerei. Die Palette der Anbauprodukte ist groß, da die klimatischen Verhältnisse annähernd alles wachsen lassen. Der Weg zur Grenze nach Malawi führt uns nochmals bis auf 2.400 Meter über einen Höhenzug. Hier wird zur Abwechslung Tee angebaut.

Kurz vor der Grenze. Die lachenden Kinder preisen uns vergebens ihr selbst gebautes Spielzeug an.

Die Sonne findet den Weg durch die Wolken und taucht das Land in ein gelbes Licht. Es ist schon spät, als wir zur Grenze fahren. Ein quietschlebendiges rosa Schweinchen liegt auf den Schultern eines strahlend lächelnden Schwarzen – das erste Schwein seit Wochen. Das bringt uns Glück, ganz klar. Frohen Mutes geben wir die letzten Tansania-Schillinge für Bananen und eine Briefmarke nach Deutschland aus.

Dann folgt die Fahrt zur Grenze, die „Geldwedler" winken schon von Weitem. Der malawische Kwacha ist auf dem Schwarzmarkt erhältlich, nur wissen wir leider den Kurs nicht. Prompt werden wir richtig übers Ohr gehauen. Der Kurs wird immer besser und der Beamte, bei dem wir zu guter Letzt die Straßengebühr bezahlen, würde uns das Geld sogar zum besten Kurs tauschen. Die Formalitäten sind problemlos, alles kostet wieder Geld und der Landy wird versichert. Die Dämmerung schleicht schon voran, als der Schlagbaum an der Grenze zu Malawi hinter uns nach unten fällt.

Das sind schlechte Entdecker, die glauben, es gäbe kein Land, wenn sie nur Wasser sehen können. (F. Bacon)

7. Kapitel

Malawi

Fläche: 118.484 km², davon 24.400 km² Wasserfläche, Einwohner: 10 Millionen, Ethnien: Chewa, Nyanja, Tumbuko, Yao, Lomwe, Sena, Tonga, Ngoni, Ngonde, etwa 30.000 Weiße und Asiaten, Hauptstadt: Lilongwe, 100.000 Einwohner, Währung: 1 US-$ = 47 Kwacha, 1 Kwacha = 100 Tambala.

Die Straßen von Malawi in der anbrechenden Nacht sind kein Vergnügen. Vorsichtiges Fahren ist angesagt, da die Fahrräder ohne Licht und viele der Autos sowie auch Lastwagen meist nur mangelhaft beleuchtet sind. Nebenbei belebt eine Vielzahl von Menschen und Kühen das nächtliche Straßenbild. Beinahe verpassen wir die Einfahrt zum Camp. Müde stehen wir schließlich am Platz und finden ihn prima. Aber wie heißt es so schön, bei Dunkelheit sind alle Katzen grau.
Malawi grenzt im Norden an Tansania, im Südosten und Süden an Mozambique und im Westen an Sambia. Das Land hat eine Nord-Süd-Ausdehnung von rund 840 Kilometern bei einer Breite von 80 bis 160 Kilometern. Es wird von Norden nach Süden vom Ostafrikanischen Grabensystem durchzogen. In diesen tiefen Gräben ist der Malawisee (Njassasee) eingebettet.

Der Abenteurer ist unentbehrlich, das wird allerdings erst erkannt, wenn sich herausstellt, dass er Amerika entdeckt hat. (L. Marcuse)

Freitag, 18. Mai 2001
Weltkulturerbe Malawisee

Das mit den grauen Katzen trifft tatsächlich zu, der Platz ist nicht besonders. Schon vor Morgengrauen machen die Fischer ein höllisches Spektakel. Bettelnde Kinder bevölkern den Zaun und viele neugierige Blicke sind auf uns geheftet. Für einige Tage Entspannung ist das nicht der richtige Ort. Zudem versperrt der dichte Schilfgürtel bis auf eine schmale Rinne den Zugang zum Wasser. Diese Rinne reicht gerade aus für einen Einbaum. Mit ihm können die Einheimischen sehr geschickt umgehen und fahren damit schon am frühen Morgen zum Fischen auf den See hinaus.

Der Malawisee ist Weltkulturerbe und beherbergt 400 verschiedene Fischarten, gilt aber als total überfischt. Nach dem Tanganjika-See und dem Victoriasee ist er der drittgrößte See in Afrika. 14 Zuflüsse nähren ihn und nach 450 Kilometern mündet sein Wasser als Shire River in den Sambesi. Die tiefste Stelle misst 704 Meter, d. h. der Seeboden liegt 230 Meter unter dem Meeresspiegel. Bilharziose und Krokodile gibt es hier auch. Eine Ortschaft weiter, in Karonga, reiht sich ein Laden an den nächsten, aber der Eindruck täuscht, die meisten Geschäfte sind leer. Die Suche nach Brot ist wieder schwierig. Von einer Anhöhe bietet sich ein Ausblick auf den riesigen See. Im Vordergrund stehen die einfachen, mit Schilf gedeckten Häuser. Die Menschen sind freundlich und die Kinder betteln nicht aus Notwendigkeit, sondern wohl eher aus schlechter Gewohnheit. Die Straße ist in Bau und der Verkehrsfluss sehr zäh. Eine bleierne Müdigkeit holt uns ein. Wir steuern das erste Camp an, es ist direkt am See und hübsch zwischen Bäumen gelegen.
Die Wellen branden die ganze Nacht ruhig und gleichmäßig an Land.

Die Erde schenkt uns mehr Selbsterkenntnis als alle Bücher, weil sie uns Widerstand leistet.
Nur im Kampf findet der Mensch zu sich selbst, aber er braucht dazu ein Werkzeug, einen Hobel, einen Pflug.
Der Bauer ringt in zäher Arbeit der Erde immer wieder eines ihrer Geheimnisse ab, und die Wahrheiten die er ausgräbt sind allgültig. (A.d.S.E.)

Samstag, 19. Mai 2001
Fruchtbares Paradies, gefährliche Nachtfahrt

Am Morgen hebt sich die Sonne hellorange leuchtend aus dem Wasser in den fast wolkenlosen Himmel. Doch das bleibt nicht lange so, der Wind frischt mächtig auf und heftige Böen treiben eine schwarze Wolkenmasse über den See. Schleunigst packen wir und brechen auf in Richtung Mzuzu. Die Straße liegt 1.500 Meter über dem Meer. Ein schöner Wald wächst hier und die Holzgewinnung ist reine Handarbeit.
Die Gegend wird trockener und erscheint dünn besiedelt. Was aber täuscht, denn immer wieder steht plötzlich ein Eimer mit Erntegut zum Verkauf an der Straße.
Malawi ist eines der ärmsten Länder der Welt und verfügt nur über wenige Rohstoffe und Bodenschätze. Es ist in erster Linie ein Agrarland und Nah-

rungsmittel-Selbstversorger. Oft gibt es wegen Dürreperioden schwerwiegende Probleme.

In Kasungu tanken wir auf und besuchen den Markt an der Straße. Wir holen uns Bratkartoffeln und ein Hühnerbein. Seit Tagen ist unsere Haarbürste verloren und ich möchte hier eine kaufen. Die Menschen sind von meinem langhaarigen Anliegen sehr erheitert. Lachend erzählen sie einander, was ich will. So geht es über den ganzen Markt. Die Männer und Frauen tragen ihre Haare meist kurz geschoren und die Mädchen sind zum Teil mit kunstvollen Zöpfchenfrisuren regelrecht geschmückt. Vor einigen Jahren durften langhaarige Männer noch gar nicht nach Malawi einreisen. Es gab die Möglichkeit, entweder an der Grenze die Haare schneiden zu lassen oder ein Haarnetz zu tragen. Frauen in Hosen oder gar Röcken, die über dem Knie endeten, das gab es auch nicht.

Die Sitten sind heute nicht mehr so streng. Aber ich bekomme auch keine Haarbürste.

Es ist viel Verkehr heute, doch wir sind gut beschützt. Schadlos passieren wir auf einer Strecke von 250 Kilometern drei Unfälle, die sich jeweils kurz vorher ereignet haben. Die LKW sind allesamt heillos überladen und die Autos wirken nicht verkehrssicher.

Einer der umgestürzten Trucks

Kurz vor Lilongwe biegen wir nochmals zum See ab. Immer wieder ein Abenteuer ist die Fahrt bei Nacht. Bei Anbruch der Dämmerung liegen noch 120 Kilometer vor uns. Die schlecht beleuchteten Autos und gänzlich ohne Licht fahrenden Radfahrer sowie Fußgänger erfordern äußerste Konzentration.

Es ist 18 Uhr, der Ort Selima liegt schon im Dunkeln. Eine ungenügende Stromversorgung wird der Grund sein. Aber das Treiben auf der Straße ist in vollem Gange. Die Stände auf dem Markt sind von Lämpchen und Kerzen erhellt. Für den Bruchteil einer Sekunde erinnert die Situation an einen großen Weihnachtsmarkt. Es wird viel Staub aufgewirbelt und nur schemenhaft nehmen wir das Gewusel der Menschen, Fahrräder und Autos durch die Windschutzscheibe wahr. Der Geräuschpegel ist beachtlich. Hier heißt es aufpassen wie ein Luchs, da die Menschen geschäftig und in Eile sind. Ihre Aufmerksamkeit gilt nicht dem Straßenverkehr.

Nur noch 10 Kilometer bis zum Salinga Bay. Viele Menschen befinden sich auf dem Nachhauseweg und laufen entlang der staubigen Piste. Die Atmosphäre hat etwas Besonderes an sich. Rechts und links von der Straße zwischen den Büschen sind kleine Feuer vor den Hütten, welche durch das hohe Gras und die Sträucher gut versteckt sind. Gestalten verschwinden immer wieder im Gebüsch, überall wird Abendessen vorbereitet und der Geruch von Gebratenem dringt bis ins Auto.

Dann plötzlich eine Überraschung. An einer weiß getünchten Mauer kleben zierliche Lämpchen und ein gemähter Rasen friedet das Areal ein. Unentschlossen stehen wir vor dem großen Tor des hell erleuchteten, teuren, noblen Livingstonia Beach Hotels. Wir sind unentschlossen und drehen ab zum Hippo Hide Camp. Es ist um vieles billiger, aber es gefällt uns überhaupt nicht und das schon bei Nacht. Restlos genervt beschließen wir am Morgen zum Livingstonia Hotel zu fahren, um den Tag dort zu verbringen.

Eins, zwei, drei, im Sauseschritt, läuft die Zeit und wir laufen mit, schaffen, schuften, werden älter, bis auf einmal man erkennt, dass das Leben geht zu End.

Viel zu spät begreifen viele die versäumten Lebensziele, Freude, Schönheit und Natur, Gesundheit, Reisen und Kultur. Darum Mensch sei weise! Höchste Zeit ist's ! Reise, reise! (W. Busch)

Sonntag, 20. Mai 2001
Luxus am Malawisee

Da sind wir nun. Am feinen Strand des Livingstonia Beach Hotels und frühstücken.

Livingstone, schottischer Missionar, war schon 1859 hier. Vorgefunden hat er verschiedene Bantustämme, die im 1. Jahrhundert nach Christus hier eingewandert sind. Der Einfluss der Europäer beginnt 1875 mit der Errichtung schottischer Missionsstationen. 1883 haben die Briten schon einen Fuß in der Tür, was 1891 zur Errichtung eines britischen Schutzgebiets führt.

Urlaub am Strand des Livingstonia Beach Hotels

1907 wird das Gebiet offiziell zum Protektorat Njassaland erklärt. 1963 erlangt Njassaland das Recht auf Selbstverwaltung, 1964 wird Malawi unabhängig. 1994 gewinnt Elson Bakili Muluzi die ersten freien Wahlen, nachdem ein Jahr zuvor das Mehrparteiensystem eingeführt worden war. Bei den Parlamentswahlen vom Juni 1999 wird Bakili Muluzi im Amt des Staatsoberhaupts bestätigt. Die Sitten sind lockerer geworden und was wir erleben, sind unglaublich zuvorkommende und freundliche Menschen.

Wir genießen das Strandleben, eine leichte Brise weht über den See und die Wellen brechen in gleichmäßigem Rhythmus an das Ufer. Gegen Mittag legt sich der Wind und der See wird ruhig. Einige Tagesgäste kommen auf den Platz, dennoch bleibt alles beschaulich. Auch der heutige Tag vergeht und mit dem Einbruch der Dämmerung kommen die Mücken. Die schmale, scharfe Sichel des jungen Mondes erhebt sich am Horizont. Ein funkelnder Sternenhimmel leuchtet über uns. Vor uns liegt der vom schwachen Mondlicht erleuchtete, glitzernde See. Es ist wie im Urlaub hier. Dieser Abstecher von 120 Kilometern hat sich gelohnt. Der Ruhetag war dringend notwendig. Wie so oft sind natürlich auch hier interessante Menschen auf dem Platz. Tork und Eva sind mit ihrem Landy auf dem Heimweg nach vier Jahren Entwicklungsdienst in Uganda. Wir verbringen noch eine Stunde am Lagerfeuer, quatschen über Reisen, Landrover und so weiter.

Reisen veredelt den Geist und räumt mit Vorurteilen auf. (O. Wilde)

Montag, 21. Mai 2001
Die Hauptstadt Lilongwe

Endlich dieses helle Lichtbündel am Horizont, das den Morgen verheißt. Die Strecke nach Lilongwe, die wir nun bei Tag erleben, ist nicht besonders aufregend. In den Ortschaften sind die Straßenränder mit Souvenirshops gesäumt und es gibt einige ausgefallene Dinge zu sehen. Nach zähen Verhandlungen ersteht Uwe das Konterfei seines Landrovers in Bast. Im Vergleich zu den Löhnen, welche hier bezahlt werden, vielleicht zu teuer. Aber der Bastlandy sieht süß aus und die Jungs sind so nett. Ihre Zähne blitzen und die dunklen Augen leuchten bei dem guten Geschäft am frühen Morgen.
Die Hauptstadt Lilongwe liegt auf 1.067 Metern über dem Meer, etwa 100.000 Menschen leben hier. Wir geben die Post auf und suchen lange Zeit nach einem Internetcafé. Die Stadt ist weit verzweigt und wegen der fehlenden Beschilderung ist es schwer, sich zurechtzufinden. Die malawischen Bierflaschen, auf denen Pfand erhoben wird, tauschen wir gegen malawische Brötchen. Die letzten Kwacha fließen als Diesel in den Tank. Die Fahrt in Richtung Grenze nach Sambia ist wenig aufregend, denn die malawische Landschaft hat in dieser Gegend nicht viel Spektakuläres. Das Gras steht voll im Saft und wächst sehr hoch an den Straßenrändern. So bleiben weite Blicke über das Land eher die Ausnahme. Baumwollfelder und Erdnussplantagen ziehen sich rechts und links der Straße bis zur Grenze hin. Die Ausreise geht schnell und unbürokratisch vonstatten. Die Einreise nach Sambia ist auch kein Problem, aber wir haben einige Mühe, der Dame beim Zoll glaubhaft zu machen, dass wir unser Laptop nicht verkaufen wollen.

Die Welt ist ein Buch. Wer nie reist, sieht nur eine Seite davon.
(A. Aurelius)

8. Kapitel - Sambia

Fläche: 752.614 km², Einwohner: 9,6 Millionen, Ethnien: Bemba, Tonga, Ngoni, Buschmanngruppen, Europäer, Flüchtlinge aus Angola, Kongo und Mosambik. Hauptstadt: Lusaka, ca. 1,2 Millionen Einwohner, Währung: 1 US-$ = 3.250 Kwacha.

Sambia grenzt im Nordwesten an den Kongo, im Nordosten an Tansania, im Osten an Malawi, im Südosten an Mozambique, im Süden an Zimbabwe, Botswana und Namibia sowie im Westen an Angola. Obwohl es innerhalb der tropischen Zone liegt, herrscht in den meisten Gebieten Sambias aufgrund der hohen Lage ein angenehmes Klima.
Jedes Land hat so seine eigenen Ideen, wie es an das Geld der Besucher kommen kann:
Kosten in Sambia: für das Visum: 25 US-Dollar pro Kopf und 30 US-Dollar Versicherungsgebühren für das Auto.
Kosten in Kenia: für das Visum: 50 US-Dollar pro Kopf.
Kosten in Tansania: für das Transitvisum: 10 US-Dollar pro Kopf und somit billiger, dafür kostet aber die Straße 25 US-Dollar.
Die Kosten in Malawi: Erst haben wir uns gefreut, weil wir keine Visa brauchten, dafür wurden uns 20 US-Dollar für die Versicherung und 20 US-Dollar für die Straßennutzung berechnet.
Alles in allem bleibt es sich gleich, für was das Geld fließt, Hauptsache es wird bezahlt. Wenn schließlich die Einreisehürde genommen ist, dann warten die Sehenswürdigkeiten des Landes. Hier und heute heißt das für uns das Tierparkhighlight Luangwa Nationalpark.
Der erste größere Ort in Sambia ist Chipata. Hier hat sich die Einkaufskette Shoprite niedergelassen. Nachdem wir Geld auf dem Schwarzmarkt getauscht haben, erkunden wir die Kaufkraft des Kwacha. Alles, was Importware anbelangt, ist teuer. Nur Landesprodukte sind einigermaßen erschwinglich. Sambia ist kein billiges Reiseland. Der Diesel kostet umgerechnet über einen Euro. Im Supermarkt stehen die Menschen Schlange am Brotstand und reißen sich regelrecht um das labberige Toastbrot. Kurze Zeit später ist uns auch klar warum. Das Brot wird noch in der Shopritetüte auf der Straße vor dem Markt weiterverkauft. Wobei die Gewinnspanne nicht mehr als einige Cent beträgt.
Die 120 Kilometer bis zum Park sind ein entnervendes Gerüttel, die Piste besteht nur aus Schlaglöchern. Die Strecke ist wie ein grüner Tunnel eingefasst von über 2 Meter hohen Binsen. Auf dem Schild steht, dass es noch

1,5 Stunden bis zum Park sind, da muss die Piste aber besser werden. Die Fahrt dauert fast 4 Stunden. Es ist dunkel, als wir endlich völlig durchgeschaukelt den Campingplatz erreichen. Unten am Fluss plantschen die Hippos. Das lustige Grunzen, welches sie von sich geben, erinnert an ein einfaches Hausschwein. Die Töne sind allerdings um einige Oktaven tiefer und lauter. Ein schöner Campingplatz. Hundemüde fallen wir ins Zelt. Nachts sind immer wieder die Gesänge der Flusspferde zu hören. Der Park hat eine Größe von 10.000 Quadratkilometern.

Eine Reise ist ein Trunk aus der Quelle des Lebens. (F. Hebbel)

Dienstag, 22. Mai 2001
Höhepunkte der Luangwa-Safari

Wir verbringen den Vormittag auf dem Camp (5 US-Dollar pro Kopf) und fahren gegen Mittag zum Tor. Im Luangwa Park leben die „Big Five". Es ist noch sehr warm, daher stehen die Tiere meist im Schatten der Bäume und Büsche. Wir sehen Giraffen, Elefanten, Zebras, Warzenschweine, Affen, Springböcke, viele Vögel und auch einen Waran. Der Höhepunkt sind natürlich die etlichen Exemplare des Hippopotamus amphibius, die Lieblingstiere von Uwe.

Hippopotamus amphibius (Nilpferd)

Faul und träge liegen die Flusspferde den ganzen Tag im Wasser. Meist sind nur die Augen auf der Wasseroberfläche zu sehen. Ein einzelnes Krokodil sonnt sich am Flussufer. Der Luangwafluss hat unzählige Schleifen und viele Lagunen bilden einen perfekten Lebensraum für die Tiere. Für

Vogelliebhaber ist der Park ein idealer Ort, um ihrem Hobby ausgiebig zu frönen. Eine Elefantenherde, die in Richtung untergehender Sonne zieht, hat Staub aufgewirbelt. Wie durch einen Schleier sind die Tiere in der orangerot leuchtenden Staubwolke zu erkennen.
Wieder zurück am Camp finden sich auf den Toiletten niedliche Haustiere. Es handelt sich um Frösche, die ähnlich wie Geckos an den Wänden kleben und Mücken fangen.
Es ist noch früh am Abend – Zeit, um in der Geschichte des Landes zu schwelgen. Die Ureinwohner sind Pygmäen und Buschmänner, die von bantusprachigen Stämmen vertrieben werden. Zwischen dem 14. und 18. Jahrhundert gehört das Königreich Luanda zu den großen Kongo-Reichen und ist wie die anderen Königreiche dem mächtigen Herrscher von Kongo tributpflichtig. Die Portugiesen können hier nicht Fuß fassen, und so bemächtigt sich schließlich Cecil Rhodes dieser Region. Das neu einverleibte Gebiet wird Nordrhodesien getauft. Die Bodenschätze werden von US-amerikanischen Gesellschaften ausgebeutet. Mit Rhodesien und Malawi wird Sambia 1953 zu einer Föderation zusammengeschlossen. Die Unabhängigkeitsbewegung ANC (Afrikanischer Nationalkongress) entsteht, der Name Kenneth Kaunda taucht auf. Die Gewinne, welche die Kupferminen erwirtschaften, bleiben nicht im Land. 1964 übernimmt Kenneth Kaunda ein verarmtes Land. Jahre später, 1974, wird endlich die Eisenbahn nach Tansania gebaut, der lang ersehnte Zugang zum Meer.
In den Achtzigerjahren verfallen die Kupferpreise. Es gibt Streiks und darauf folgt der Ausnahmezustand. 1990 wird der Demokratisierungsprozess eingeleitet, 1991 finden die ersten freien Wahlen statt. Die Opposition gewinnt, der Präsident Frederick Chiluba wird 1996 und 1997 wiedergewählt. Der Ausnahmezustand wird 1998 wieder aufgehoben. 1999 misslingt ein Mordanschlag auf den Expräsidenten Kenneth Kaunda. „KK", der große Kenneth Kaunda, hat heute wieder eine wichtige Stimme in der Landespolitik und gilt als weiser Berater der neuen Regierung.

Die Füße eines Menschen sollten in seinem Lande verwurzelt sein. Mit seinen Augen aber sollte er die Welt überblicken. (G. N. de Satayana)

Mittwoch, 23. Mai 2001
Die Abkürzung wird zum Alptraum, kleine wilde Tiere greifen uns an

Pünktlich um 6 Uhr morgens öffnet das Tor. Es ist noch bitter kalt auf meinem Aussichtsplatz. Auf dem Dach des Landys halte ich es nur mit einem

Pullover aus. Die Tiere sind schon unterwegs. Gemütlich durchkämmen wir den Park. Dank des schönen Wegenetzes und der ausgezeichneten Beschilderung ist die Erkundung ein großes Vergnügen. Wieder zeigen sich annähernd die gleichen Tiere wie gestern. Nashörner und Leoparden sind leider nicht zu entdecken. Die Elefanten sehen hier nicht anders aus, als woanders.

Baobab, Elefanten, Afrika

Uwe ist der Meinung, die Elefanten in Botswana wären viel größer gewesen. Ich meine das bildet er sich ein, denn da saß er noch in einem kleineren Auto, nämlich einem Nissan Sani. Heute thront er hoch auf dem Dach seines Landrovers und genießt die Elefanten auf Augenhöhe. Der Weg zum Ausgang wird von einer Herde Wasserbüffel überquert und unweit in einem Tümpel sind einige Hippos gerade beim Fressen. Sehr leicht geraten diese Kolosse in Panik. Das kleinste Geräusch und grunzend und prustend wuchten sich die schweren Leiber unglaublich behände ins tiefere Wasser.

Gegen Mittag steht die Weiterreise nach Petauke an. Der Ort liegt an der Verbindungsstraße zwischen Chipata und Lusaka. Die Straße ist anhand der Karte über eine 120 Kilometer lange Querverbindung zu erreichen. Wir wollen auch die minderwertige Straße nicht mehr nach Chipata zurückfahren. Schlechter kann es nicht mehr werden, denken wir zumindest. Aber so einfach ist es nicht. Wir irren uns in diesem Moment gewaltig.

Die Straße wird sehr schnell zum Weg, aber das kann uns nicht gleich erschrecken. Nach etwa 25 Kilometern ist es nur noch ein Trampelpfad, doch wozu haben wir denn einen Landrover gekauft? Genau dazu. Rechts und links steht hohes Dickicht. Ob das lange so weitergeht? Vielleicht hört es ja bald auf. Immer wieder inmitten des Busches plötzlich Hütten und kleine Anpflanzungen, das macht uns neuen Mut. Der Weg schlängelt sich so dahin und schneller als 10-20 Kilometer pro Stunde sind nicht möglich. Aber meistens kommen wir nicht über Schritttempo hinaus.

Elend heiß ist es auch im Auto. Wegen der vielen Tsetsefliegen müssen die Fenster geschlossen bleiben. Diese bremsenähnlichen Tiere stechen sehr schmerzhaft und haben auch gar keine Scheu, in Ohren und Nasenlöcher zu kriechen. Im Gegenteil, da gefällt es ihnen wohl am besten. Die Tsetsefliegen übertragen die Schlafkrankheit und einige andere Seuchen auf Rinder. Das ist ein Grund, weshalb es hier Tierparks und keine Rinderfarmen gibt.

Durchfahren eines Elektroschutzzaunes

Die Dörfer sind mit hohen Elektrozäunen gegen Wildtiere gesichert. Ob sich ein Elefant davon beeindruckt zeigt?
Die Drähte lassen sich meist mit dem Stock hoch heben und der Landy schlupft gerade so unten durch. Mit jedem Aus- und Einsteigen huschen wieder einige dieser nervenden Tsetsefliegen ins Auto. So eine Fliege ist völlig geräuschlos unterwegs. Sie setzt sich heimlich hin und sticht schmerzhaft zu. Wenn sie einen erst mal angezapft hat, ist sie aber leicht zu erwischen.
Wir erreichen ein kleines Dorf und sind sehr unsicher, ob wir noch auf dem richtigen Weg sind. Zur Untermauerung dieser wachsenden Unsicherheit finden wir aus dem Dorf keinen Ausweg in Richtung Petauke. Es ist zum Verrücktwerden. Schließlich frage ich einen jungen Mann nach Petauke. Er läuft voraus und weist uns ganz selbstverständlich den Weg über einen

Acker. Eigentlich unglaublich einfach so über einen bestellten Acker zu fahren. Aber siehe da, nachdem die Furchen überhoppelt sind, ist das Flussbett zu queren und dahinter geht wieder der Trampelpfad im Gebüsch weiter. Das bambusähnliche Gras, mittlerweile um einiges höher als der Landy, verschluckt ihn regelrecht. Der Kühler ist vollgestopft mit Samen und Spreu von den unterschiedlichsten Pflanzen. Dann und wann queren wir mit Hilfe von angelegten Furten aus Beton kleine Flüsse. Das gibt uns die Sicherheit, auf einem Weg zu sein, mehr aber auch nicht. Ob es der richtige Weg ist, bleibt vorerst unklar.

Mit Gras, Samen und Spreu verstopfter Kühler

Endstation! Wir stehen mitten in einem verlassenen Dorf und haben uns wohl verfahren. Also umdrehen. Dank GPS finden wir ohne weitere Probleme zurück auf den Weg. Der bleibt aber ein Trampelpfad und es ist kein zügiges Vorwärtskommen absehbar.
Immer noch wächst die Unsicherheit! Sollen wir umdrehen und den ganzen Weg zurückfahren? Wir denken daran und wollen es auch schon beinahe tun, aber dann denken wir, schlimmer kann es jetzt doch wirklich nicht mehr werden. Es tut in der Seele weh, wenn versteckte Äste und hartes Bambusrohr am Landy kratzen.
Vor uns plötzlich ein hundert Meter langer See, die Breite ist wegen des hohen Bewuchses nicht auszumachen. Schaulustige Anwohner tauchen aus dem Gebüsch auf. Nun gilt es, diese Stelle zu durchqueren. Das Wasser reicht gleich am Anfang schon bis zu den Türschwellen. Wie tief wird es noch? Anscheinend sieht uns ein Mann unsere Sorge an. Er erklärt uns, dass hin und wieder ein Landrover der hier ansässigen Lodge vorbeifährt. Wir freuen uns über die gute Nachricht und atmen auf.

Unser Pfad vom Luangwa Nationalpark nach Petauke

Was ein anderer Landy kann, sollte unserem auch gelingen. Mit großen Augen verfolgen die Menschen unsere Durchfahrt. Alles geht gut. Der Pfad wird wieder besser und plötzlich taucht dann tatsächlich ein Fahrzeug auf. Von nun an wird aus dem Pfad mehr und mehr ein, wenn auch schlechter, Weg. Kurz vor Dunkelheit treffen wir auf die Belgier, welche im Wildlifecamp am Luangwa Park waren. Sie durchqueren mit den Rädern den afrikanischen Kontinent und kamen mit ihren Fahrzeugen ganz gut klar auf dem Pfad. Lästige Fliegen haben sie nicht bemerkt. Die beiden hatten, wie sie uns glaubhaft erzählen, einen wunderschönen Tag.
 Eine ebene Stelle neben dem Weg wird zu unserem Lagerplatz. Eigentlich ein unmöglicher Standort, aber hier kommt heute bestimmt kein Auto mehr vorbei.

Die eigentlichen Entdeckungsreisen bestehen nicht im Kennenlernen neuer Landstriche, sondern darin, etwas mit anderen Augen zu sehen. (M. Proust)

Donnerstag, 24. Mai 2001
Der Mann mit dem Schmetterlingsnetz

Nach einer ruhigen Nacht im Busch erreichen wir auf unserer Weiterfahrt nach etwa drei Kilometern eine Gabelung. Ab hier wird der Weg wieder das, was sich eine schlechte Piste nennt. Die 60 Kilometer bis Petauke führen an einigen Dörfern vorbei. Die Rundhütten sind sehr hübsch bemalt und ihre Dächer mit dem langen Gras gedeckt, das hier überall wächst.

Neugierige aus dem Dorf versammeln sich

Eine gute Teerstraße ab Petauke führt uns nun schnell vorwärts. Die Menschen am Weg haben immer ein Lächeln für uns übrig. Die Landschaft wird hügelig und neben Baumwolle wird Mais, Zuckerrohr, Tomaten und vieles mehr angepflanzt. Die Feldfrüchte werden, neben der hier produzierten Holzkohle, am Straßenrand zum Verkauf angeboten. Kleine Plantagen wechseln sich ab mit Akazienbuschwald und Mopanebäumen. Eigentlich eine Gegend, wie Elefanten sie lieben, aber nicht ein wildes Tier ist zu erblicken. Dafür gibt es hier neue Verkehrsteilnehmer aus dem Haustierbereich. Neben Ziegen und Kühen laufen auch Hausschweine auf der Straße herum. Deren Verhalten können wir gar nicht einordnen.
Die folgende Geschichte von den Tieren ist in Südafrika bekannt: Eine Kuh wurde mit dem Auto ins benachbarte Ovamboland gefahren. Der Esel, die Ziege und der Hund hörten davon und wollten auch da hin. Laufen war zu weit, also nahmen sie ein Taxi für 30 Südafrikanische Rand. Alles lief prima. Im Ovamboland angekommen zahlte der Esel seinen Teil von der

Rechnung, die Ziege aber sprang aus dem Auto und lief weg und der Hund musste die Rechnung für die Ziege mitbezahlen. Deshalb ist es heute so, dass der Esel auf der Straße stehenbleibt, er hat das Recht dazu, er hat ja bezahlt. Die Ziege läuft weg, sie hat ein schlechtes Gewissen, und der Hund rennt hinter den Autos her und bellt: „Gib mir mein Geld zurück." Die Tiere verhalten sich tatsächlich fast immer so, wie beschrieben. Aber eben nur fast.

Auch in Sambia gibt es Fertighaustransporte

Tsetsefliegenkontrolle mit einem Schmetterlingsnetz

Die lange Fahrt wird nur durch ständige Polizeikontrollen unterbrochen. Ohne Autoversicherung geht hier nichts, sie muss ständig vorgezeigt werden.
Etwa 150 Kilometer vor Lusaka gibt es eine Kontrolle der besonderen Art. Tsetsefliegenkontrolle, wir sind platt.
Mit einem Schmetterlingsnetz bewaffnet geht der Mann um das Auto und späht auch ernsthaft in den Fahrgastraum, ob er einige von den bösen Fliegen entdeckt. Wir sind sehr amüsiert über die Kontrolle. Diese Rettung kommt aber zu spät. Es ist noch keine 24 Stunden her, dass uns die Fliegen mächtig zugesetzt haben.
Zum Sonnenuntergang erreichen wir das 1.300 Meter hoch gelegene Lusaka. Die Stadt wurde 1905 gegründet und bietet alles, was sich im Land sonst nicht findet. Die rasche Entwicklung der Hauptstadt steht im Widerspruch zum großen Teil des restlichen Landes. Dieses Phänomen begegnete uns in fast allen Ländern, die wir bereisten. Die Metropole wächst und bewegt sich weiter, während der übrige Teil des Landes auf der Stelle tritt. Die Banken haben auch hier die größten Häuser und reihen sich wie aufgefädelt an der Kairostraße aneinander. Lusaka hat den Ruf, eine grüne und eine Gartenstadt zu sein. Viele Alleen schmücken die Straßen, aber derzeit ist nichts in voller Blüte.
Problemlos anzufahren ist das im Reiseführer erwähnte Motel. Davon, dass es hier kein warmes Wasser geben soll, können wir uns kurze Zeit später auch selbst überzeugen. Das Toilettenpapier ist bestimmt schon voriges Jahr ausgegangen. Der Platz ist deutlich teurer als im Buch angegeben und ist sehr laut, da er an einer belebten Straße liegt.

Jede Reise hat zwei Höhepunkte: den einen, wenn man voller Erwartung hinausfährt, den anderen, wenn man heimkehrt und sich freut auf daheim. (H. Sporel)

Freitag, 25. Mai 2001
Und ewig rauscht das Wasser

Genau drei Monate sind wir nun unterwegs. Weiter geht die Reise nach Livingstonia, zu den Victoriafällen. Dieser Morgen ist sehr kalt und es fällt nicht leicht, aus den warmen Schlafsäcken zu kriechen. Ich fühle mich nicht besonders gut. Anscheinend habe ich mir eine Erkältung auf dem Autodach zugezogen. Erst als die Sonne höhersteigt und über die Häuser scheint, wird es wärmer. Geldtauschen wäre auch noch angesagt gewesen, doch die Banken haben alle geschlossen, heute ist Feiertag. An der Tankstelle können wir in US-Dollar bezahlen. Der Kurs ist schlecht und der Sprit somit noch teurer.

Wenige Kilometer nach der Stadt erstehen wir ein weiteres Souvenir. Eine Trommel für 20 US-Dollar. Es ist die größte, die es zu kaufen gibt. Der Gegenstand ist bestimmt sehr schön, wenn er mal zu Hause an seinem Platz steht. Aber bis dahin wird die Trommel noch oft aus- und eingeladen werden.

Die Landschaft zieht sich hügelig dahin, ohne besondere Sehenswürdigkeiten. Am frühen Nachmittag treffen wir in Livingstonia ein. Der Pflichtbesuch bei den Victoriafällen schließt sich gleich an. Die Preise sind mächtig gestiegen. 10 US-Dollar anstelle der 3 US-Dollar im Vorjahr.

Viktoriafälle, Wasser und donnernder Rauch

Wir machen noch eine kleine Rundfahrt an den Schluchten des Sambesi und finden einen geeigneten Platz zum Campen. Von Ferne hört man die Fälle rauschen. Livingston nannte sie „der donnernde Rauch". Mehr als Rauch und Donner hat er auch nicht gesehen, als er damals, wie wir heute, von der sambischen Seite zu den Fällen kam. Allerdings war er schon am 16. November 1855 als erster Weißer an den größten Wasserfällen der Welt. Mit 1,5 Kilometern Breite und 100 Metern Tiefe donnert der Sambesi mit bis zu 550 Millionen Litern Wasser pro Minute in die Tiefe. Der Teil des Wassers, welcher für die Stromgewinnung zuvor abgezweigt wird, fällt da kaum ins Gewicht. Die Iguazú-Fälle sind mit 2,5 Kilometern zwar breiter, aber nur 70 Meter tief.

Das Lagerfeuer erlischt langsam, wir ziehen uns ins Zelt zurück und lauschen den Geräuschen der Nacht. Überall raschelt es in dem hohen Gras und der Wind bewegt leicht das Laub. Einige wenige Vögel zwitschern noch. Von Ferne hören wir die Fälle rauschen. Eine schrille Hupe zerreißt die in sich stimmigen Geräusche. Unweit fährt der Zug vorbei. Dann wird es stiller und stiller, auch die Vögel verstummen nach und nach. Millionenfach stehen die Sterne über uns und der Wind dreht. Der donnernde Rauch hört sich nun ganz nahe an und es scheint wie ein gewaltiges Etwas, das auf uns zukommt. Es kommt aber nicht, sondern bleibt wie von unsichtbarer Hand auf sicherem Abstand gehalten.

Das gleichmäßige Rauschen der Wassermassen fügt sich gut in die Träume, die wieder mal die Afrikareise verarbeiten. Ein bunter Bilderreigen zieht vorbei. Die ersten Moscheen, die Gesänge des Muezzins. Einer Fata Morgana gleich erscheinen Oasen, Kamele und verschleierte Frauen. Das Bild wechselt zu geheimnisvollen Pyramiden, orthodoxe Mönchsgesänge erklingen zur Osterzeit und Schnee fällt in Afrika. Die wilden Tiere ziehen vorbei und leise rauschen die Baobabwälder. Der märchenhafte große See erscheint, dessen auslaufendes Wasser sich mit dem Wasser dieser Fälle mischt und den Weg in den Indischen Ozean sucht. Zurück ins Meer, dahin wo alles begonnen hat, wieder von vorne beginnt.

Der Unterschied zwischen Landschaft und Landschaft ist klein, aber es macht einen großen Unterschied, wer sie anschaut. (R.W. Emerson)

Samstag, 26. Mai 2001
Ein Hüpfer nach Botswana zu den Buschmännern

Die Morgenröte färbt den Wasserdunst der Fälle rosarot und schon dreht der erste Rundfluggast mit dem Hubschrauber seine Schleifen über dem Sambesi. Das wärmende Lagerfeuer zum Frühstück ist sehr angenehm, da sich zu meinen Schluckbeschwerden nun auch noch Ohrenschmerzen gesellt haben. Wir packen zusammen und verlassen diesen schönen Platz in Richtung Kazungula. Da wollen wir mit der Fähre über den Sambesi nach Botswana übersetzen. Bei der Ausreise aus Sambia wird nochmals die Versicherung kontrolliert.

Humor ist der Schwimmgürtel auf dem Strom des Lebens. (W. Raabe)

9. Kapitel - Botswana

Fläche: 582.000 km², Einwohner: ca. 1,4 Millionen, Ethnien: Bantugruppen, insbesondere Sotho – Tswana, Khoi-San, Weiße, Inder. Hauptstadt: Gaborone, 208.411 Einwohner, Währung: 1 US-$ = 5,25 Pula.

Botswana, das Tierland schlechthin, mit seinen faszinierenden Landschaften und Wildbeständen in den berühmten Parks ist für uns dieses mal nur ein Transitland. Der Staat grenzt im Norden und Westen an Namibia, im Nordosten an Zimbabwe und Sambia, im Süden und Südosten an Südafrika. Wir haben Botswana in guter Erinnerung von früheren Reisen. Etwa 80 Prozent des Landes werden von der Halbwüste Kalahari eingenommen, die größtenteils etwa 1.000 Meter hoch gelegen ist. Im Nordosten Botswanas hat der aus Angola kommende Fluss Okavango ein weltweit einzigartiges, 15.000 Quadratkilometer großes, sumpfiges Binnendelta, das Okavango-Becken, gebildet. Während der Regenzeit setzt sich der Wasserlauf bis zu den im Osten des Landes gelegenen Makgadikgadi-Salzpfannen fort. Im Sommer, von Dezember bis April, fällt der ausgiebigste Regen. Zu dieser Jahreszeit wird es über 40 Grad heiß, während im Winter -6 Grad auch nicht ungewöhnlich sind.

Die Buschmänner (Khoi-San) sind die älteste Bevölkerungsgruppe Afrikas und siedelten sich ursprünglich überwiegend im heutigen Botswana an. Tausend Jahre nach Christus siedeln Shona im Nordosten und weitere 500 Jahre später Tswana im Südosten des Landes. So entwickeln sich aus den lockeren Stammesverbänden mehrere Tswana-Königreiche. 1885 wird Botswana britisches Protektorat und 1966 wird es wieder unabhängig.

Uns bleibt nicht viel Zeit, um weiter in der Geschichte zu graben, denn an der Fähre geht alles ganz fix und wir werden für 20 Euro zusammen mit zwei weiteren PKWs und einem LKW über den Sambesi geschifft. Bei einer Fahrzeit von gerade mal drei Minuten schon ein erklecklicher Batzen Geld. Von deutschsprachigen Namibiern (er ist emigrierter Schwabe) erfahren wir, dass heute um 15 Uhr ein Konvoi durch den Caprivizipfel geht. Das könnten wir schaffen.

Die Brummis, die auf die Einreise nach Sambia warten, stehen in einer langen Schlange. Am Steuer der langen Lastzüge sitzen meist schwarze Afrikaner. Auf die Frage, wie lange sie wohl warten müssen, kommt unter Schulterzucken die Antwort: drei Tage vielleicht vier.

Kazungulafähre über den Sambesi

In Botswana klingeln wieder mal die Kassen und für 40 Pula ist das Auto versichert. Dann beginnt das Zittern um die Trommel. Das Fell, mit dem sie bespannt ist, darf natürlich nicht offiziell nach Botswana einreisen, aber alles geht gut. Vor Kasane müssen wir in die Desinfektionskuhle einbiegen. In einer Schale auf einem getränkten Lappen hat jeder Reisende sich die Schuhe im Desinfektionsmittel abzutreten. Amüsiert unterziehen wir uns auch dieser Prozedur und steuern anschließend den Landy durch die braune Brühe. Die Trommel, gut getarnt, bleibt weiter unbeachtet.
Wir tauschen Geld und tanken, da der Diesel hier noch billiger ist als in Namibia. 207 Liter Diesel für 85 US-Dollar, das müsste eine Zeitlang reichen.
Die Urbevölkerung von Botswana bildeten die Buschmänner, die zwischen 140 und 160 cm groß und von heller Hautfarbe waren. Sie lebten in Gruppen zusammen und ernährten sich vom Jagen und Sammeln, wobei das Letztere von den Frauen besorgt wurde. Ein Buschmann durfte auch mehrere Frauen haben. Ihr Leben war geprägt von der Natur und den daraus folgenden Rhythmen. Heute sind ihre Lebensräume nahezu verschwunden und somit die Existenzgrundlage. Aber ein sanfter Tourismus soll dem interessierten Reisenden die Lebensgewohnheiten der friedlichen San nahebringen und so dieser vom Aussterben bedrohten Kultur eine Überlebenschance bieten. Neben dem wichtigen Lebensunterhalt könnte damit großes Wissen um ihre Tradition erhalten bleiben.

Der Chobe-Nationalpark ist der wildtierreichste Park Botswanas und auf dem Weg nach Namibia im Transit zu durchfahren. Obwohl derzeit Mittagshitze herrscht, sehen wir zwei Giraffen, die von den hohen Akazien frische Triebe naschen. Der Chobefluss führt Hochwasser und viele Bäume stehen in den Fluten.

Ngomabrücke über den Linyanti / Chobe

Politisch sieht es heute so aus. Der Nachfolger von Quett Ketumile Masire wird im April 1998 der bisherige Vizepräsident Festus Mogae. Botswana gilt seit seiner Unabhängigkeit als die älteste Demokratie des Kontinents. Obwohl das Binnenland im südlichen Afrika größer als Frankreich ist, zählt es nur 1,5 Millionen Einwohner. Unter dem 73 Jahre alten Masire präsentiert sich Botswana nicht nur politisch, sondern auch wirtschaftlich als erfolgreiches Land. Masires Nachfolger ist politisch ein weitgehend unbeschriebenes Blatt. Mogaes Botswana Democratic Party (BDP) regiert seit der Unabhängigkeit von Großbritannien im Jahr 1966 unangefochten. Dem Land geht es wirtschaftlich gut. Neben dem Tourismus dominiert der Bergbau. Anfang der Neunzigerjahre steigt Botswana zum drittgrößten Diamantenexporteur der Welt auf und zur Jahrtausendwende gehört Botswana zu den größten Diamantenproduzenten weltweit.
Die Zeit verfliegt im Handumdrehen und schon liegen die 60 Kilometer bis Ngoma an der Grenze zu Namibia hinter uns. Das ist schnell und flott gelaufen. Ebenso flott reisen wir aus Botswana aus und in Namibia ein.

Wer unter die Oberfläche dringt, tut es auf eigene Gefahr. (Autor unbekannt)

10. Kapitel - Namibia

Fläche: 824.269 km², Einwohner: 1,82 Millionen, Ethnien: Ovambo, Kavango, Herero, Damara, Nama, Buschmänner, Farbige, Caprivianer, Baster, etwa 80 000 Weiße, Hauptstadt: Windhuk, 169 000 Einwohner, Währung: 1 US-$ = 10 N$ (Namibia-Dollar).

Eine neue Schnellstraße erwartet uns im Land der Rastplätze und Parkbuchten. Parkbuchten, die so groß sind, dass zwei der etwa 25 Meter langen und mit 3 x 20 Fuß Containern beladenen LKW locker nebeneinanderstehen können. Schnell, wie lange nicht mehr, saust der Landy mit über 120 Sachen in Richtung Kongola, aber der Konvoi ist pünktlich um 15 Uhr abgefahren. Es ist 15 Uhr und 17 Minuten, wir sind zu spät. Namibia hat etwas von der bekannten deutschen Gründlichkeit, da ist eben Pünktlichkeit mit inbegriffen. Aber in Namibia darf man sich ruhig Zeit lassen, da es ein wunderbares Reiseland ist.
Abseits der Straße stehen zwei Bäumen auf einem abgeernteten Maisfeld. Ein großer Elefantenhaufen liegt auch da. Der letzte Elefantenbesuch war wohl als der Mais noch stand. Wir schlagen unser Lager auf.

Kühle Nächte im afrikanischen Winter

Der Abend ist kühl, das Lagerfeuer wärmt uns und wir besprechen den weiteren Verlauf der Reise.
In Namibia sind wir die letzten Jahre schon viel gereist und können in Erinnerungen schwelgen.
Wenn der Landy erst mal in Kapstadt geparkt ist, haben wir immer wieder die Möglichkeit hier hoch in den Norden zu fahren. Das Kaokoveld mit den Himbas liegt nicht gerade auf dem direkten Weg ans Kap der Guten Hoffnung. Dieser Schlenker würde einiges an Zeit in Anspruch nehmen. Es ist bald Ende Mai und zu Hause wird es schon Sommer. Wir können uns zu keiner Entscheidung durchringen.
Morgen um acht Uhr geht der nächste Konvoi von Kongola nach Bagani. Da müssen wir mitkommen, das ist erst mal wichtig.
Von Ferne hören wir Trommeln. Sie werden die ganze Nacht nicht verstummen, vermutlich eine Stammesfeier. Das gibt es, Zivilisation hin oder her. Zu ihrem christlichen Namen haben alle Stammesangehörigen einen, wie sie uns sagten, „richtigen Namen".

Über die Wolken führen keine Pfade, wir müssen schon den Weg auf der Erde nehmen. (Chinesischer Spruch)

Sonntag, 27. Mai 2001
Militärkonvoi

Unweit von hier, am Kwandofluss, baden nachts die Nilpferde. Elefanten kommen keine. Es ist kalt am Morgen, aber das Feuer lässt sich nochmals anfachen. Meine Ohrenschmerzen verlagern sich in Richtung Wange.
Pünktlich sind wir heute am Treffpunkt. Es geht auch schon los. Als viertes Fahrzeug von etwa 20 ordnet sich unser Landrover für die 200-Kilometer-Fahrt ein. Die Situation wird von den Verantwortlichen sehr ernst genommen. Zwei Fahrzeuge patrouillieren immer an der Autoschlange entlang. Maschinengewehre, welche fest auf den Jeeps installiert sind, und jeweils sechs bewaffnete Soldaten dienen zu unserem Schutz. Die letzten Überfälle der UNITA haben auch in Deutschland die Medien beschäftigt. Auch Touristen sind bei der Durchfahrt im Caprivizipfel schon ums Leben gekommen. Das ist der Hintergrund für diese Sicherheitsmaßnahme. In rascher Fahrt geht es, den Blick auf den Busch geheftet, durch den Caprivizipfel. Als das Auto vor uns, das mit 12 Leuten voll besetzt ist, eine Reifenpanne hat, fährt der Konvoi weiter, ein Soldat wird abgestellt. Das Pannenfahrzeug findet wieder Anschluss, als der Konvoi zu einer Fünf-Minuten-Pause

hält. Der Konvoi, welcher uns nun entgegenkommt, ist zur gleichen Zeit in Bangani gestartet. An allen Einmündungen zur Straße stehen Soldaten mit Gewehren und zwischen den Sträuchern sind Armeezelte zu sehen.
Eine kurze Erklärung dieser ungewöhnlichen Situation im ansonsten friedlichen Namibia: Als sich Angola von den Portugiesen befreit hatte und einen marxistischen Kurs einnahm, kam es zu einem Bürgerkrieg. Die UNITA-Rebellen unter ihrem Führer Jonas Savimbi kämpften gegen den linken Block, unterstützt von Südafrika, den USA und anderen Westmächten. Die Marxisten erhielten militärische Unterstützung aus Kuba und indirekt aus der UDSSR. Als die Sowjetunion und das südafrikanische Apartheidsystem zusammenbrachen und keine Seite der Bürgerkriegsparteien mehr Unterstützung erfuhr, wurden 1992 Wahlen abgehalten, aus denen José Eduardo dos Santos als Sieger hervorging. Savimbi hat die Wahl nicht anerkannt und der Bürgerkrieg begann von Neuem. Namibia räumt später Angola eine Landeerlaubnis in Rundu ein, damit das Land besser gegen die weiter rebellierende UNITA vorgehen kann. Seitdem greift die Rebellengruppe die Bevölkerung im Caprivizipfel immer wieder durch Attentate an. 2002 findet man im Busch einen leblosen, von Kugeln durchlöcherten Körper. Es handelt sich um die Leiche Savimbis. Mit seinem Tod findet schließlich auch der Bürgerkrieg in Angola ein Ende.
Die Gegend ist bewaldet. Eigentlich ist der Caprivizipfel auch ein Naturpark. Schilder weisen auf regen Wildwechsel von Elefanten hin und große dampfende Hinterlassenschaften der grauen Riesen beweisen, dass es sie hier auch tatsächlich gibt.
In Bangani vor der Okavangobrücke löst sich der Konvoi auf und die Autos stieben in alle Richtungen davon.
Noch 200 Kilometer bis Rundu. Als wir dort ankommen, ist alles geschlossen. Sonntags, das ist vermutlich auch eine deutsche Hinterlassenschaft, bleiben die Läden zu. Da lange Zeit das Militär und auch die UNO hier stationiert waren, ist aus dem 1.095 Meter hoch liegenden Rundu eine Versorgungsstadt geworden. Etwa 15.000 Menschen leben hier, so genau weiß das niemand, da die Grenze zu Angola nicht weit ist und der Flüchtlingszustrom nicht kontrolliert wird. Sehenswürdigkeiten gibt es in dem Ort keine. Er ist ja auch erst in den Dreißigerjahren entstanden.
Eine Straße führt an der Grenze entlang nach Ruacana. Hier geht es auch in Richtung Kaokoveld. Aber das Kap der Guten Hoffnung lockt uns. Wieder überlegen wir hin und her. Dieser Abstecher in das Kaokoveld ist ein Umweg von 1.500 Kilometern und nimmt etwa fünf bis sieben Tage in Anspruch. Nachdem wir nun tagelang darüber sinniert haben, fällt plötzlich die

Entscheidung. Das Kaokoveld kommt später und wir nehmen die Straße in Richtung Grootfontein.

Am Straßenrand stehen immer wieder kleine Rundhütten mit Riedgrasdächern. Viele Menschen sind unterwegs, die zu Fuß irgendwohin gehen. Ein gewohntes Bild in Afrika. In einer Nebenstraße, welche nach Dornhügel führt, erspähen wir einen Lagerplatz für die Nacht. Hinter einem Kameldornbaumgestrüpp sind wir geschützt vor neugierigen Blicken. Mit Einbruch der Dunkelheit sind Stimmen zu hören. Bei gelöschtem Licht warten wir ab und verharren lange Zeit schweigend und lauschend. Heute am Sonntag, sind zwar die Geschäfte geschlossen, aber die Drankwinkel haben offen. So mancher Wochenlohn wandert im Lauf des Tages über den Tresen. Genau vor dem Gebüsch, hinter dem wir stehen, haben sich die Heimkehrer entschlossen, lautstark zu diskutieren. Kein Wort ist zu verstehen, wir beschließen alle Aktivitäten auf morgen zu verlegen und verschwinden leise ins Zelt. Die Gruppe entfernt sich später und debattiert während des Gehens weiter, die Stimmen verlieren sich in der Nacht. Ich kann nicht einschlafen, die Zähne tun weh.

Der kürzeste Weg ist nicht der möglichst gerade, sondern der, bei welchem die günstigen Winde unsere Segel schwellen. (F. Nietzsche)

Montag, 28. Mai 2001
Auf den Spuren deutscher Kolonialisten

Nun haben wir fast den gesamten afrikanischen Kontinent von Nord nach Süd und dann von Ost nach West durchfahren. Livingstone benötigte seinerzeit für die West-Ost-Durchquerung fast 2 Jahre. Bis hierher haben wir 20.000 zum Teil schwierige Kilometer hinter uns und das Ziel rückt näher. Schon ganz weit weg von zu Hause und dann das: Aus dem Äther tönen heimatliche Klänge. Eine Blaskapelle spielt den bayerischen Parademarsch und im Anschluss folgt von einem Kölner Pfarrer eine Morgenansprache. Wo sind wir? Im ehemaligen Deutsch-Südwest-Afrika werden Traditionen sehr hoch gehängt. Hier in Namibia leben etwa 20.000 Deutschstämmige. Wieder mal ist es Zeit, um über die Geschichte zu plaudern. Höhlenmalereien, die möglicherweise über 25.000 Jahre alt sind, zeugen davon, dass bereits während des späten Pleistozän Sammler und Jäger im Gebiet des heutigen Namibia gelebt haben. Die frühesten identifizierbaren Bewohner sind die Buschmänner, die hier schon zu Beginn des 1. Jahrhunderts n. Chr. leben. Die Khoi Khoi wandern etwa um 500 n. Chr. zu, die Herero erst im

17./18. Jahrhundert. Bartolomeu Diaz landet 1488 an der Küste des heutigen Namibia. Etwa 1870 errichten aus dem Kapland zugewanderte Mischlinge, die sogenannten Baster, im Gebiet von Rehoboth ein unabhängiges Territorium. 1878 annektiert Großbritannien die Walfischbai. 1883 kauft der deutsche Kaufmann Franz Adolf Eduard Lüderitz die Gegend um Angra Pequena, die spätere Lüderitzbucht. Schon ein Jahr später erklärt das Deutsche Reich den Besitz von Lüderitz zum Schutzgebiet Deutsch-Südwestafrika. Ein weiteres Jahr später wird ganz Namibia zur deutschen Kolonie. Das Diamantenfieber bricht aus und Kolmanskuppe ersteht aus dem Nichts. Im Zuge des Versailler Vertrages muss Deutschland 1919 alle seine Kolonien dem Völkerbund überlassen.

Heute werden in den Minen immer noch Diamanten geschürft. Doch vom Bergbau allein leben die Menschen hier nicht. Der landwirtschaftliche Schwerpunkt liegt auf der Viehzucht. Ackerbau ist wegen der geringen Niederschläge weitgehend auf den Norden beschränkt. Eine wichtige Rolle spielt der zunehmende Tourismus. Die Küstengewässer Namibias waren früher fischreich, doch die Überfischung ließ die Küstenfischerei bereits in den Siebzigerjahren zurückgehen. Der wichtigste Handelspartner Namibias ist die Republik Südafrika.

Ein weiterer Blick zurück in die Geschichte. Wir befinden uns in Grootfontein, dem Ort, wo sich die Dorslandtrekker schließlich niederlassen. Sie sind Buren und kommen aus dem Transvaal. Um neues Farmland zu finden, ziehen sie nach Norden. Sie durchqueren die gesamte Kalahari. Viele der Farmer verdursten auf dem langen Treck. Sie passieren den Kunene und lassen sich im heutigen Angola nieder, bis sie nach kurzer Zeit von den Portugiesen vertrieben werden. Sie ziehen weiter, wieder nach Süden und lassen sich da in dem heutigen Grootfontein nieder. Dort gründen sie die Republik Upingtonia. Dieser Republik ist nur eine kurze Zeit beschieden, denn das Gebiet fällt unter den Schutz des Deutschen Kaiserreiches. Heute finden wir eine herrliche Bäckerei in Grootfontein mit Brezeln, Striezeln und Vollkornbrot.

Bis Otavi durchfahren wir fast nur Farmland. Das Land bereitet sich auf den Winter vor. Es herbstet. Viele Bäume und Büsche sind schon verfärbt und das dürre Laub wird bald mit dem Wind auf Reisen gehen. Das verblühte Gras bedeckt das Land wie eine weiche, weiße Decke. Die Abende sind sehr kalt und wir sägen an einem umgefallenen Baum einige Äste ab, um für das Lagerfeuer am Abend Holz zu haben. Unsere dicken Jacken sind oben auf dem Autodach in den Kisten. Wenn wir uns der Atlantikküste nähern, werden wir sie dringend brauchen. Den Zehen von Uwe geht es schon wieder besser. Aber es ist für ihn noch nicht daran zu denken, geschlossene Schuhe zu tragen. Mein Knie freut sich über jeden Schritt, den es nicht laufen muss. Meine Erkältung aus dem Luangwa Park mausert sich zu einer bösen Infektion. Das Zahnfleisch ist angeschwollen und das Kauen schmerzhaft.

Für jeden Reisenden, der eine Spur eigenen Geschmack hat, wird der einzig nützliche Reiseführer der sein, den er selbst geschrieben hat. (H. v. Kleist)

Dienstag, 29. Mai 2001
Kitesurfen an der Skelettküste

Die Restglut vom Abend lässt sich noch entfachen und so knistert schnell ein warmes Feuer zum Frühstück. Die Gegend entlang der Straße, welche zu den Orgelpfeifen und dem Verbrannten Berg führt, ist wunderschön. Wie hingelegt und von einer Riesenhand aufeinandergestapelt wirken die rötlichen Steine. Dazwischen verblühtes Gras auf weißem Sand und darüber blauer Himmel. Alles passt wunderbar zusammen auf diesem Spielplatz für Riesen.
Viele Tiere sind um diese Morgenstunde unterwegs zur Futteraufnahme. Springböcke und Strauße in einer großen Zahl, von den Elefanten sehen wir wieder nur die Dunghaufen. Die Gegend wird immer karger und schließlich bleiben die letzten Farmen im Damaraland hinter uns zurück. Entlang des Veterinärzaunes führt die Straße an das Eingangstor zum Skeleton Coast Park. Wegen zu starken Regens konnten wir letztes Jahr diese Strecke nicht fahren, umso mehr freut es uns, dass heute diesem Vorhaben nichts im Wege steht. Gleich nach dem Tor wird die Landschaft wüstengleich und der Wind bläst immer heftiger. Nach 40 Kilometern ist der Atlantische Ozean erreicht und der Sand fliegt uns nur so um die Ohren. Wehe dem, der seinerzeit schiffbrüchig an dieser Küste strandete. Den Namen Skelettküste trägt sie nicht von ungefähr. Weit und breit kein Trinkwasser, nur Sand und Steine. Nichts, aber auch gar nichts Reizvolles hat diese Gegend und gerade das macht sie so besonders. Einige Möwen sind unterwegs, ansonsten ist alles sehr trist und öde. Ein Schiffswrack ist vom Zahn der Zeit arg zugerichtet und in einigen Jahren ist wohl nichts mehr davon zu sehen. Ganz in Ufernähe brüten auf einer alten Bohrinsel einige Kormorane.

Wir verlassen den Skeleton Coast Park

Wir haben in Namibia schon für interessantere Gegenden keinen Eintritt bezahlt, aber Namibia weiß sich zu verkaufen. Endlos zieht sich die Salzpiste dahin und es gibt nichts zu sehen.

Kitesurfen am Atlantik

Da der Wind gut ist und die Sonne scheint, lässt Uwe den Kite in die Luft steigen. Die Bedingungen sind hart, aber es klappt alles prima. Es ist bedauerlich, dass es schon bald dunkel wird. Noch vor Einbruch der Dunkelheit finden wir einen Platz vor Cape Cross in den Hügeln. Der Wind bläst sehr kalt.

Man kann es auf weiten Reisen erleben, wie vertraut und lieb der Mensch dem Menschen ist. (Aristoteles)

Mittwoch, 30. Mai 2001
Verschwindet der Landy im Schwemmsand des Kuiseb?

Der berühmt-berüchtigte kalte Morgennebel lässt das Frühstück sehr kurz ausfallen und den Besuch bei den Robben auch. Was aber nicht weiter schlimm ist, da der intensive Ammoniakgeruch die Tränen in die Augen treibt.
Die Stadt Swakopmund hat etwas Liebenswürdiges. Hier geht alles gemütlich zu. Es gibt viele hübsche Geschäfte und schön restaurierte Häuser aus der Kolonialzeit. Zudem laden gute Gasthäuser und Cafés auf eine Ruhepause ein. Swakopmund hat sich schmuck herausgeputzt. Wir besuchen den Ort jetzt zum dritten Mal und sehen nur Verbesserungen und Fortschritt.
Der Aufenthalt beim Deutsch sprechenden Zahnarzt mausert sich zu einer Geduldsprobe für mich. Das Wartezimmer ist voll und seit einer Stunde geht niemand mehr raus oder rein. Es ist ein Notfall dazwischengekommen und das kann dauern. Ich bin ungeduldig und gehe wieder. Dann hole ich mir in der Deutschen Apotheke Rat in Sachen Zahnfleischentzündung.

Wilhelminischer Baustiel in Swakopmund. Gebäude mit Turm in der Mitte ist das Haus der Woermann Schiffslinie.

Nach den nötigen Einkäufen und einem Cappuccino brechen wir auf in Richtung Vogelfederberg. Immer entlang der Küste bis nach Walfischbai. Bis 1994 war dieser Hafen eine südafrikanische Enklave, heute ist die Stadt die drittgrößte von Namibia.
Namibia grenzt im Norden an Angola und Sambia, im Osten an Botswana und Südafrika und im Westen an den Atlantischen Ozean. 1998 ziehen die südafrikanischen Truppen ab und 1990 wird Namibia endgültig als letztes afrikanisches Land in seine Unabhängigkeit entlassen.

Die rötlichen Sanddünen der Wüste Namib reichen bis ins Wasser hinein. Es ist ein unglaublicher Anblick, wenn das Meer aus gelbem Sand das Meer aus Wasser berührt. Die Strecke Richtung Vogelfederberg legen wir mit einer Unterbrechung an der Düne Sieben zurück. Dann tauchen schon die Berge des Kuiseb im Abendlicht am Horizont auf. Das Licht der tief stehenden Sonne lässt die farbigen Maserungen der Berge leuchtend hervortreten. Eine herrliche Landschaft. In sanften Kehren schwingt sich die frisch gegrädete Straße zum Kuiseb Canyon hinab.

Um der Internierung im Zweiten Weltkrieg zu entgehen, sind zwei Deutsche Geologen hierher geflüchtet. Ein Buchtipp: „Wenn Krieg ist, gehen wir in die Wüste" von Henno Martin. Uns läuft Gänsehaut über den Rücken bei dem Gedanken, wie die beiden hier überlebt haben.

Blanke Neugierde treibt uns dazu, in den Canyon hinunterzufahren. Eigentlich muss es nicht sein. Es sieht doch von oben auch alles sehr schön aus. Wir biegen von der Straße ab. Einzelne Kolke sind zu sehen und wir fragen uns, ob da Fische drin sind? Angeblich soll es hier Karpfen geben. Der Canyon liegt schon im Schatten und wir fahren weiter das Flussbett entlang. Der Sand wird immer weicher und die Passage zwischen Kolk und Felswand wird immer enger. Urplötzlich verliert der Landy an Schwung. Es fühlt sich an, als wenn das Auto gegen eine unsichtbare Mauer fährt. Dann steht es und das Heck hängt tief im Sand. Nichts geht mehr, wir steigen aus und sehen uns die Bescherung an. Mit Luft rauslassen können wir hier nichts mehr retten. Was für ein Schreck, als wir um das Auto gehen, gibt der Boden unter den Füßen nach. Der Sand wabbelt in einer dicken, weichen Schicht auf dem Wasser.

Da helfen auch Sandbleche nichts mehr. Zum ersten Mal kommt der Erdanker zum Einsatz. Aber in dem nassen Untergrund ist der Versuch aussichtslos. Rechts in der Nähe steht ein Busch. Mit einer zusätzlichen Seilverlängerung und der Umlenkrolle erreichen wir den Busch. Aber die Böschung ist zu hoch und der Sand feucht und schwer, wie einbetoniert hält er das Auto fest. So geht es nicht.

Wir schieben Äste und Steine unter die Vorderreifen. Dann befestigen wir etwas entfernt das Seil in Fahrtrichtung an einem Stein im Wasser. Das Auto kommt kurz frei und steckt jetzt noch tiefer fest. In diese Richtung geht es schon gar nicht. Wenn uns ein Mensch sieht, was wir veranstalten. Von Ferne hören wir ein Auto, aber um Hilfe zu holen, geht es uns noch zu gut. Wir versuchen etwas Sand wegzuschaufeln und uns wird ganz anders zumute. Es gluckert und Grundwasser drückt nach oben. Das Auto versinkt so lange, bis es mit dem Unterboden aufliegt. Jeder hat schon davon gehört, dass in der Wüste ganze Karawanen in Sandlöchern auf Nimmerwiedersehen verschwunden sind. Für Witze ist jetzt kein Platz mehr. Links ist die Felswand, wir können nur nach rechts. Die Reifen brauchen freie Fahrt, also ebnen wir die Böschung nach rechts ab. In die vorgesehene Fahrspur legen wir gleichzeitig sofort Steine.

Nach 3 Stunden bekommen wir das sinkende Schiff wieder frei

Besonders in Nähe der Reifen müssen wir schnell arbeiten, sonst graben wir das Auto ein und nicht aus. Das ist sehr anstrengend und wir schwitzen wie schon lange nicht mehr. Dann ist es so weit. Wir starten den letzten Versuch. Die Winde hat nur begrenzt Energie zur Verfügung. Vier erfolglose Versuche liegen schon hinter uns. Mittlerweile ist es stockfinster, ein schwacher Halbmond steht am Himmel. Das Seil ist mit 2 mal 30 Metern Verlängerung ganz unten an den Wurzeln eines kräftigen Busches festgemacht. Wenn das Seil reißt, dann werden wir auf dem Boden schlafen müssen, denn in dieser Schräglage des Fahrzeuges können wir in unserem Zelt nicht übernachten. Der Busch knackt und zittert, das Auto bewegt sich keinen Zentimeter. Die Winde arbeitet schwer und das Seil knirscht. In dieser entscheidenden Sekunde haben wir Glück. Der Landy macht einen ausschlaggebenden Ruck, die Winde zieht weiter und die Reifen greifen wieder. Es ist geschafft. Das war es erst einmal. Das Auto steht auf festem Boden. Wir entfachen ein kleines Feuer, lauschen den vielen fremden Geräuschen des Canyons und für den Rest der Nacht bleiben wir an Ort und Stelle stehen.

Der Beduine, der sich in der Wüste auskennt, tauchte mich in tiefe Nachdenklichkeit mit seiner Bemerkung: Es genügt das Fehlen eines Sternes, dass die Karawane die Richtung verliert. (D. H. Camara)

Donnerstag, 31. Mai 2001
Es gibt Wüsten und es gibt das Sossusvlei

Diese Nacht ist unruhig, der Wind pfeift durch die Schlucht des Canyons und macht unheimliche Geräusche. Wir werden von abenteuerlichen Träumen gequält. So freut es uns, als der Morgen graut und wir aufstehen dürfen. Einige Zeit vergeht, bis alles eingesammelt ist, was wir gestern an Rettungsgerät im Einsatz hatten. Die Besichtigung des Schlachtfeldes lässt uns staunen, wie wenig von fast drei Stunden Arbeit zu sehen ist. Dann eruieren wir die Ausfahrtsmöglichkeit aus dem Tal. Völlig ohne Probleme holpert der Landy über einige Steine und auf festem Untergrund zur Straße zurück. Ohne weiteres Aufsehen zu erregen, bleibt die Schlucht des Kuiseb hinter uns zurück und ein für alle mal in unserer Erinnerung. Die Landschaft über den Kuisebpass und den Gaubpass bis nach Solitär ist malerisch im Morgenlicht. Wie unecht sehen die bunten Berge aus. Das weiß verblühte Gras auf dem roten Sand ergibt einen schönen Kontrast.
Ab Solitär sind schon die ersten Dünen zu sehen. Ein leichter grüner Schimmer zeichnet sich auf den rötlichen Sandbergen ab. Es hat hier wohl auch geregnet.
Wir freuen uns das Sossusvlei wiederzusehen und sind besonders gespannt aufgrund unserer Erfahrung mit der „Grand Dame" der Wüsten, die Sahara, die wir vor einigen Wochen durchquert haben.
Die Wüste Namib erstreckt sich am Atlantischen Ozean und ist zwischen 100 und 160 Kilometer breit. Wir freuen uns auf dieses Wiedersehen. In der Namib regnet es im Jahresdurchschnitt etwa 51 Millimeter. Im Landesinneren schon etwas mehr mit 152 Millimetern und richtig feucht wird es im Verhältnis dazu im Norden mit 559 Millimetern. Der meiste Regen fällt im Sommer, das heißt von Oktober bis März. Im Office gibt es jetzt einen nagelneuen Computer und die Tickets werden gedruckt. Der Fortschritt begegnet uns in Namibia auf Schritt und Tritt. Die erste Überraschung gleich am Eingang des Parks, das Eintrittsticket wird kontrolliert.

Viele Springböcke sind unterwegs auf Futtersuche und sie finden reichlich. Die Sonne steht jetzt im Winter nicht mehr so hoch und die Dünen schimmern schon am Nachmittag rot. Das Gras wächst auch hier weit an den Sandbergen nach oben. Mit dem blauen Himmel und den Schäfchenwolken dazu sieht das unglaublich toll aus. Die Straße ist bis auf die letzten vier Kilometer geteert, ab dann geht es aber nur noch mit dem Allradantrieb. Wir folgen dem Flussbett des Tsauchab. Er bringt bei viel Regen das Wasser aus den Nubibbergen. Die Dünen versperren dem Tsauchab den Zugang zum Meer. So kommt es hin und wieder zu dem Phänomen einer Seenbildung inmitten von Sanddünen.

Die letzten 4 Kilometer zum Sossusvlei

Wir lassen etwas Luft ab und fahren ins Zentrum des Vleis. Überall auf dem roten Sand sprießen die knallgelb leuchtenden kleinen Blumen. Das Vlei ist so bunt und farbenfroh wie nie zuvor. Das dritte Mal sind wir nun schon hier und heute ruft uns auch das Deadvlei. Ein Fußweg von gerade mal einem Kilometer über zwei kleine Dünen und schon sind wir da. In der weißen Salztonpfanne stehen etliche Geisterbäume. Wie den Himmel um Hilfe anflehend recken sich die dürren Äste nach den Wolken.
Bei der Ausfahrt sehen wir eine Oryxantilope. Angriffslustig scharrt sie mit den Hufen im Sand und wedelt aufgeregt mit dem Schwanz. Abrupt dreht das stolze Tier ab und zeigt uns den schönen Rücken.

Deadvlei

Am Landy gibt es noch etwas zu tun. Der Gepäckträger ist hinten an beiden Seiten gebrochen. Dabei hatten wir heute fast gar kein Wellblech. Der letzte Tropfen hat das Fass wohl zum Überlaufen gebracht. Nun ist guter Rat gefragt. Nachdem wir unsere mangelhaft ausgerüstete Werkzeugkiste durchsucht haben, versuchen wir, den Dachträger mit dem Zwei-Komponenten-Epoxikleber zu reparieren. Optisch sieht die Reparatur gut aus. Wir hoffen, dass es hält.

Man reist nicht nur, um anzukommen, sondern vor allem, um unterwegs zu sein. (J. W. Goethe)

Freitag, 1. Juni 2001
Meisterschweißer, tiefer Canyon und heiße Quellen

Die landschaftlich schöne Strecke führt zwischen roten Dünenausläufern und den bunt gemaserten Nubibbergen hindurch. Hoch über der Namibwüste schwebt ein Heißluftballon. Es ist noch früh, und das Sonnenlicht am Morgen lässt die Gegend besonders reizvoll erscheinen. Unsere Aufmerksamkeit ist aber trotz der faszinierenden Gegend auf den Dachträger gerichtet, wie lange wird er halten? Nach einiger Zeit sehen wir nach und

stellen fest, dass sich Epoxischweißen nicht für Teile unter einer derartigen Belastung eignet. Mit Draht und Stangen lässt sich der Träger notdürftig fixieren und nicht sehr hoffnungsvoll steuern wir die nächste Farm an.
Werendeld, das geht nicht gerade leicht über die Zunge. Aber alles ist schmuck und sauber hier, mit B & B, Camping, Tyreservice und Sprit. Am Eingang stehen Köcherbäume in voller Blüte. Kleinste Vögelchen mit langen Schnäbeln laben sich am Nektar der gelben Blütendolden. Die Farmer hier sind ganz schön auf Draht und haben sämtliche Lücken geschlossen. Es gibt nicht mehr viele, die nicht gerne Gäste beherbergen oder einen anderen Service anbieten. Auch unser Besuch hier ist von Erfolg gekrönt. Es gibt ein Schweißgerät, das über ein Aggregat betrieben wird. Unser Meister macht nicht viel Federlesen. Das Epoxi wird abgekratzt. Der Träger bleibt auf dem Dach, die Batterie wird nicht abgeklemmt und dann geht es schon los. Staunend sehen wir zu. Mit geübten Griffen und der Hilfe von Schraubzwingen wird der Träger fixiert. Der Großvater gibt Gas am Aggregat und die Funken stieben. Innerhalb von einer Viertelstunde ist alles fertig. Kostenpunkt 40 Namibia-Dollar.
Nun können wir uns wieder entspannt der Gegend widmen und den vielen Tieren unsere Aufmerksamkeit schenken. Wir befinden uns in einem Gebiet mit großen Farmen. 20.000 Hektar Farmgelände sind keine Seltenheit. Das bedeutet über 400 Kilometer Zaun und sehr viele Pfähle. Jede Farm ist eingezäunt und der Zaun vom Nachbarn reiht sich stets nahtlos an. Erst bei der Einfahrt in die Naturschutzgebiete verschwinden die Zäune.
Sicherlich birgt sich bei Farmen um die 20.000 Hektar und einem Heer von Landlosen reichlich Konfliktpotenzial. Der Staatspräsident Samuel Shafishuna Nujoma hat nach seiner Ankündigung einer Landreform bereits erste Farmen gegen Entgelt enteignet. Das macht ihn bei der Masse der vielen Landlosen populär, kann aber, wie das Beispiel Zimbabwe zeigt, das Land ruinieren. Was nützt einem Landlosen die Zuteilung von Boden, wenn er nicht weiß, wie er ihn bewirtschaften soll. Auf beiden Seiten herrscht nur wenig Verständnis und es wäre an der Zeit, die Zukunft Namibias miteinander zu gestalten.
Ein interessantes Experiment, so hatte die amerikanische Ehefrau des Erbauers von Schloss Duwisib dessen Tun genannt. Zurück in das Jahr 1904: Hans-Heinrich von Wolf, Abkömmling einer sächsischen Adelsfamilie, meldet sich zu den Schutztruppen und erlebt erstmals Südwestafrika. 1908 besitzt er schon 1.400 Quadratkilometer Land. Der Krieg beendet seine ehrgeizigen Pläne der Pferdezucht. Er fällt 1916 in der Schlacht an der Somme. Seine Frau kehrte nie nach Duwisib zurück. Übrig geblieben ist ein

sehr ungewöhnliches Gebäude für diese Gegend. Wehrtürme und Zinnen erinnern an eine kleine Festung. Die Inneneinrichtung aus Deutschland kam per Schiff nach Namibia. Mit Ochsenkarren wurde das Mobiliar 600 Kilometer weit durch die namibische Wüste gefahren, um damit dann im Nirgendwo ein Schlösschen einzurichten. Lediglich die Steine kamen nicht aus Deutschland.

Das Schwarzrandgebirge besteht fast ausschließlich aus Tafelbergen. Der Gebirgszug zieht sich über 200 Kilometer hin. An seinem Ende treffen wir auf Goageb. Weiter über Seeheim entlang der Bahnlinie erreichen wir die Abfahrt nach Ai-Ais. „Ai-Ais", das bedeutet in der Sprache der Khoi Khoi soviel wie kochend heiß. Die heißen Quellen wurden beim Schafehüten von einem einheimischen Nama 1850 entdeckt.

Der Fischfluss entspringt im östlichen Naukluftgebirge und legt auf seinem Weg bis zur Einmündung in den Orange 650 Kilometer zurück.

Nach dem Grand Canyon in den USA gilt der Fischfluss Canyon als der zweitgrößte Canyon. Bis zum Ende der Schlucht bei Ai-Ais ist der Canyon 90 Kilometer lang und an der breitesten Stelle 27 Kilometer breit. Die Höhe beträgt bis zu 549 Meter und wer den Abstieg vom nörlichen Aussichtspunkt in die tiefe Schlucht wagt, sollte unbedingt reichlich zu trinken mitnehmen.

Fischfluss Canyon

Das Beste, was der Mensch aus der Welt mit nach Hause bringen kann, ist doch nur seine Bekanntschaft mit ihr. (W. Raabe)

Samstag, 2. Juni 2001
Wintercamping und traumhafte Fahrt durch den Canyon

Für uns ist es viel zu kalt hier. Wir frühstücken in Eile und in Decken gewickelt. Die Sonne hat all ihre Kraft verloren und es ist gar kein Wetter mehr für kurze Hosen. Erst um 7 Uhr beginnt die Morgendämmerung und die Tage sind kurz.
Noch 900 Kilometer bis zum Kap der Guten Hoffnung liegen vor uns. Wir haben noch einen Abstecher zum Orangefluss eingeplant.
Der Tag beginnt mit einer Reifenpanne nach den ersten 10 Kilometern. Aber die Handgriffe haben schon eine gewisse Routine und das entsprechende Werkzeug liegt mittlerweile nicht mehr ganz unten in der Kiste. Die Fahrt durch das trockene Flussbett des Gamkap ist im Morgenlicht besonders stimmungsvoll. Hoch ragen die Wände des Canyons auf und werfen lange Schatten.
Der Gamkap mündet am Ende der Schlucht in den Orange. Der führt reichlich Wasser und die Weintraubenplantagen von Aussenkehr sind mächtig gewachsen. Erst in Richtung Grenze wird die Landschaft sehr karg. Wo nicht bewässert wird, wächst auch nichts. Der Grenzübertritt ist unproblematisch und wir sind in Südafrika.

Man muss aus den Fußstapfen der Vorgänger heraustreten, um eigene Spuren zu hinterlassen. (Anonym)

11. Kapitel - Südafrika

Fläche: 1.119.566 km², Einwohner: 43.6 Millionen, Ethnien: Weiße, Inder, Malaien, Zulu, Xhosa, Sotho, Tswana etc., Hauptstadt: Pretoria ca. 825.000, Währung: 1 US-$ = 10 Rand.

Nun befinden wir uns im letzten Land unserer Reise durch Afrika. Ein Slogan der Tourismusverantwortlichen lautet: „Südafrika, eine Welt in einem Land." In der Tat, Südafrika ist ein faszinierendes Reiseland, für das man sich viel Zeit lassen kann.

Unser letztes Reiseland Süd Afrika

Der Landy bleibt in Kapstadt stehen und wird die nächsten Jahre wieder mit uns auf Tour gehen. Aus diesem Grund beschäftigen wir uns in erster Linie mit dem westlichen Teil des Landes entlang der N 7 und natürlich mit der Geschichte, die sehr interessant ist.

Zur Lage: Südafrika grenzt im Nordwesten an Namibia, im Norden an Botswana und Zimbabwe, im Nordosten an Mozambique und Swasiland, im Osten und Süden an den Indischen Ozean und im Westen an den Atlantischen Ozean. Lesotho befindet sich im östlichen Teil. Hinter der Küstenebene erhebt sich die große Randstufe steil zum zentralen Hochland. Die höchsten Erhebungen des Landes befinden sich im Südosten in den Drakensbergen. Hier liegt auch Champagne Castle, mit 3.375 Metern der höchste Berg des Landes. Im Westen des Landes breiten sich die Halbwüsten Karoo und die südliche Kalahari aus. Die wichtigsten Flüsse der Republik Südafrika sind der Orange, der Vaal und der Limpopo. Der Orange ist

der längste Fluss des Landes. Er fließt vom Königreich Lesotho in Richtung Nordwesten und mündet nach etwa 2.100 Kilometern in den Atlantischen Ozean. Südlich von Kapstadt an der Südküste liegt der Tafelberg mit 1.086 Meter Höhe. Nun sind wir auf dem Weg nach Kapstadt. Die Stadt, die Mutterstadt genannt wird, weil hier 1652 vieles seinen Anfang nahm.
Im Auftrag der niederländischen Ostindien-Kompanie gründet Johan van Riebeeck 1652 in der Tafelbucht nahe dem Kap der Guten Hoffnung eine Versorgungsstation für die Schiffe der Kompanie auf ihrem Weg nach Indien, das spätere Kapstadt, das sich als Zwischenstation für den Ostindienhandel zu einem bedeutenden Hafen entwickelt. Bald lassen sich niederländische, deutsche und französische Siedler nieder, die relativ rasch eine eigene charakteristische Kultur und Sprache entwickeln. Diese Siedler, die Buren, verdrängen die ansässigen Khoi Khoi und San aus den fruchtbaren Gebieten.
1779 beginnen die Siedler mit der Eroberung des Landes. Ein Jahrhundert später haben die Weißen nach neun sogenannten „Kaffernkriegen" das Land erobert und das Volk der Xhosa und Zulu, um nur die größten Bantustämme zu nennen, erheblich dezimiert. 1795 besetzen britische Truppen die Kapprovinz, annektieren sie (endgültig 1806) und machen sie zu einer Kronkolonie. Das Eindringen führt zu zunehmenden Spannungen zwischen Briten und Buren. Es kommt 1899 zum Burenkrieg. Der Krieg endet 1902 mit der Kapitulation der Buren. Im Frieden von Vereeniging müssen die Buren die Umwandlung ihrer Republiken Transvaal und Oranje-Freistaat in britische Kronkolonien akzeptieren. Am 31. Mai 1910 verbinden sich die britischen Kolonien in Südafrika zur Südafrikanischen Union. Außenpolitisch behauptet die junge Südafrikanische Union einen selbständigen Status, allerdings in enger Anlehnung an Großbritannien. 1914 tritt die Union auf der Seite Großbritanniens in den 1. Weltkrieg ein und erobert 1915 die deutsche Kolonie Deutsch-Südwestafrika (das heutige Namibia). Unter Jan Smuts tritt Südafrika auf Seiten der Alliierten in den 2. Weltkrieg ein, ist jedoch kaum in Kampfhandlungen involviert. Später noch mehr dazu.
Momentan begeistert uns die Landschaft. Es hat viel geregnet, überall sprießt Grünes hervor und vereinzelt blühen violette Blumen. Die gelben Blütendolden der Köcherbäume, die einsam auf den Hügeln stehen, leuchten wie aufgesteckte Kerzen. Das Namaqualand, mit einer Fläche von 48.000 Quadratkilometern, ist karg, doch hier kann zum richtigen Zeitpunkt eine Massenblüte von Mittagsblumen und Korbblütengewächsen erlebt werden. Es gibt auch sehr guten Wein, der aus der Gegend hier kommt. Südafrika ist bekannt für seine hervorragenden Weine, aber nicht das allein

zeichnet dieses Land aus. Neben der Land- und Forstwirtschaft sowie der Fischerei ist Südafrika sehr reich an Bodenschätzen. Von den 43,6 Millionen Einwohnern im Jahr 2002 sind etwa 75 Prozent Schwarze, 14 Prozent Weiße, 8 Prozent Mischlinge und 3 Prozent Asiaten.

Wir verzichten auf einen Abstecher zur Westküste und folgen brav der Asphaltstraße nach Springbock. Ein Städtchen, das sich hübsch gemausert hat und zum Kupfergürtel gehört. Es bietet eine gute allgemeine Versorgung und nette Lokale. Wenn wir auch keinen Cappuccino bekommen, so doch einen echten Kaffee. Die Sonne scheint völlig kraftlos vom strahlend blauen Himmel. Ein kalter Wind bläst und alle Menschen auf der Straße sind warm angezogen.

Schnurgerade führt das Asphaltband nach Kapstadt

In den Radionachrichten hören wir, dass es in Kapstadt regnet. In der Nähe des Citrustales erscheint am Horizont eine dunkelgraue Wolkenwand. Die Orangenbäume hängen voll mit noch nicht ganz gelben Früchten. Es dauert noch einige Zeit, bis sie geerntet werden können. Die Gegend wird vom Fluss Olifants bewässert und ist das drittgrößte Obstanbaugebiet Südafrikas. Über 80.000 Tonnen Obst werden vorwiegend für den Export geerntet. Hier am Rand der Cedarberge und nahe dem wasserreichen Olifants liegt auch der Ort Clan William, der 1732 gegründet wurde. Am tiefblauen Stausee stehen hübsche Häuser im Kap-holländischen Stil. Der Rooibostee, der auch in Deutschland langsam in Mode kommt, gedeiht hier. Der Tee ist tanninfrei und sehr reich an Vitamin C. Nach einem letzten Blick auf die Cedarberge im Abendlicht schließt sich die graue Wolke über uns. Fast gleichzeitig wird es Nacht und es fängt an zu nieseln.
Zwei Stunden später tauchen die Lichter von Kapstadt auf. Der Weg ist das Ziel und das Ziel ist der Weg. Man kann es drehen wie man will. Wir sind

sehr glücklich und wohlbehalten in Parklands bei Kapstadt angelangt. Die 100ste Übernachtung nach 22.000 Kilometern findet wieder unter einem festen Dach statt. Der Wind fetzt den Regen an die Scheiben und der zunehmende Sturm beutelt die Palmen hin und her. Der Winter hier ist ganz schön ungemütlich. Eingekuschelt in warme Pullover beschäftigen wir uns noch mal mit der Geschichte.

Die Grundlage für die Apartheidpolitik sind Gesetze aus dem Jahr 1950. Durch diese Gesetze wird jeder Südafrikaner einer der vier „Rassen", Weiße, Schwarze, Farbige und Asiaten, zugeordnet. Diesen sogenannten Rassen werden voneinander getrennte Wohngebiete zugewiesen. Einige Gesetze schreiben strikt die Rassentrennung für alle Bereiche des sozialen Lebens vor. In diesen Vorschriften lagert sehr viel Konfliktpotenzial. Die Welt blickt auf Südafrika und akzeptiert die Apartheidspolitik nicht. Weitreichende Sanktionen folgen. Der schwarze Anführer des ANC (Afrikanischer Nationalkongress) und Kämpfer gegen die Apartheid, Nelson Mandela, kommt lebenslang in das Gefängnis und wird es erst als alter Mann verlassen.

Das Apartheidsystem wird 1991 außer Kraft gesetzt. Sofort werden die Sanktionen gegen Südafrika abgebaut. Die ersten allgemeinen, gleichen und freien Wahlen finden 1994 statt. Nelson Mandela wird Präsident. 1998 überträgt er die Regierungsgeschäfte an Thabo Mbeki. Aus den Parlamentswahlen von 1999 geht der ANC erneut als klarer Sieger hervor. Zum neuen Staatspräsidenten wählt das Parlament Thabo Mbeki. Unter seiner Führung strebt das Land danach, die führende Position in Afrika zu behalten und weiter auszubauen.

Wenn man gemütlich zu Hause sitzt, sinnt man auf Abenteuer. Hat man ein Abenteuer zu bestehen, wünscht man sich, man säße gemütlich zu Hause. (T. Wilder)

Sonntag, 3. Juni 2001
Nach 100 Tagen und 22.000 Kilometern am Ziel

Unsere Fahrt über die Kaphalbinsel zum Kap der Guten Hoffnung ist faszinierend. Entlang der False Bay liegen kleine hübsche Ortschaften. Fast überall finden sich noch romantische Häuser aus den Gründerzeiten der Kapkolonie. Im Nationalpark erreichen wir das südliche Ende der Kaphalbinsel. Dieses Gebiet wurde schon 1939 unter Naturschutz gestellt. Die

Fynbosvegetation hier ist einzigartig und bietet einen perfekten Lebensraum für viele Tiere.
Bartolomeu Diaz war 1488 der Erste, der hier vorbeisegelte. Heute sind es über 20 000 Schiffe im Jahr, die den Weg um das Kap der Guten Hoffnung wählen. Der alte Leuchtturm von 1860 steht noch in 249 Meter Höhe auf den steil abfallenden Felsen.
Die meisten Menschen kommen in erster Linie hierher, um an diesem vom Sturm umtosten, bedeutenden Fleck zu stehen – so wie wir auch. Nach 100 Tagen haben wir es geschafft und sind am Ziel unserer Reise, dem Kap der Guten Hoffnung, angekommen.

Nach 100 Tagen und 22.000 Kilometern am Ziel angekommen (Buchcover)

In diesem Moment des Ankommens ziehen die letzten 100 Tage im gedanklichen Zeitraffer an uns vorbei und uns wird die Bedeutung der Worte „Der Weg ist das Ziel" neu bewusst.
Die Paviane sind unglaublich frech, sie haben jegliche Scheu vor dem Menschen verloren. Die Rückfahrt vom Kap der Guten Hoffnung entlang dem Atlantischen Ozean führt über eine der schönsten Küstenstraßen der Welt, vorbei an den herrlichen Buchten von Hout Bay, Llandudno, Camps Bay und Clifton mit ihren idyllischen, zur Zeit menschenleeren Stränden. Dass die Seefahrer damals von diesen Buchten begeistert waren, können wir gut verstehen, es geht uns ja genauso.

Blick auf die Tafelbucht mit dem Tafelberg im Hintergrund

In einem der vielen Restaurants am Strand lassen wir den Tag ausklingen. Von hier aus bietet sich eine herrliche Sicht über die Tafelbucht. Unsere Blicke bleiben an der Insel Robben Island hängen. Auf dieser vorgelagerten Insel wurde Nelson Mandela gefangen gehalten. „Der lange Weg zur Freiheit", so nennt sich seine Biografie, die eindrucksvoll sein bewegtes Leben schildert.

Wieder denken wir nach über den Kontinent Afrika und seine Bewohner: Jedes Land ist anders.

Auf diesem Kontinent gibt es kaum ein Land, in dem nicht die Vor- und Nachteile einer geschichtsträchtigen Vergangenheit tiefe Spuren hinterlassen haben.

Doch man darf sich nicht ausruhen auf dem, was war!

Jetzt bestimmen die Regierungsmuster der heutigen Zeit die Richtung.

Die Möglichkeiten liegen so nahe bei den Unmöglichkeiten.

Eine Frage bleibt.

Hat Afrika in der globalen Welt genug Kraft, um nach vorne zu gehen?

Nachwort / Rückreise

Innerhalb einer Woche bekommen wir bei der Lufthansa noch zwei freie Plätze und können Anfang Juni zurück in den europäischen Sommer fliegen.

Wir sitzen im Flugzeug. Dieses bringt uns von der Wohlstandsoase Kapstadt zurück in die Wohlstandsoase Europa. Wie im Flug geht uns auch die Reise wieder durch den Kopf.

Ein letzter Blick vom Flugzeug aus auf Kapstadt und den Tafelberg

Taufrisch sind die Erinnerungen an kalte Nächte und heiße Tage, an Zeiten der Entbehrung und der Fülle, an lachende Gesichter und traurige Blicke bei so manchem Abschied, an lebensfeindliche Landschaften und Gegenden des Überflusses, an Kultur und Natur, an Menschen und Tiere, an Zivilisation und Wildnis, an die Frust und Lust des Reisens, an Momente voller Angst und an Momente des Vor-Freude-zerplatzen-Könnens.
Die Erlebnisse der letzten Monate reichen sich die Hand und begegnen sich in großer Freude als Ganzes.
Dass wir sagen können, wir würden es wieder machen, macht uns sehr glücklich.

Kapstadt ist unseren Blicken entschwunden. Der Orangefluss zieht sich wie ein langer Wurm durch das Land und Namibia gleitet unter uns hinweg. Wie zufällig gefallene Farbtupfer liegen die kleinen Orte in den kargen Landschaften verstreut. Der Tropengürtel versteckt sich unter einer kilometerhoch aufquellenden Kumulusschicht.
In 5 Stunden überquert dieses von Düsen angetriebene Fluggerät die Sahara, wir haben fast 2 Monate dafür gebraucht.
Unter uns das Mittelmeer, eine nasse Hürde, sie trennt Afrika vom europäischen Kontinent. Im Anschluss an die fruchtbare Poebene strebt der Alpenhauptkamm in die Höhe. An dessen Ausläufern im Allgäu haben wir den phantastischen Traum, Transafrika, geträumt.

Wenn ein Reisender nach Hause zurückkehrt, soll er nicht die Bräuche seiner Heimat eintauschen gegen die des fremden Landes. Nur einige Blumen von dem, was er in der Ferne gelernt hat, soll er in die Gewohnheiten seines eigenen Landes einpflanzen. (Francis Bacon)

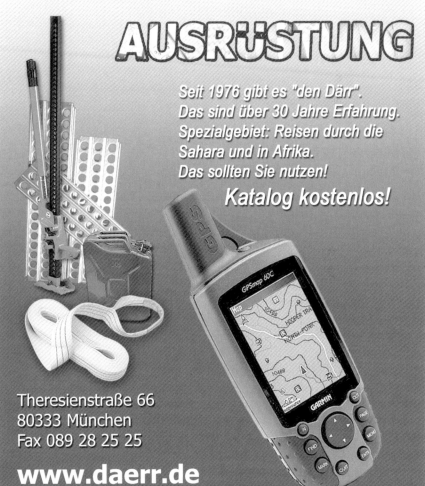

Abendsonne Afrika

Ihre Safarispezialisten!

Botswana　　Namibia　　Uganda/Ruanda　　Malawi　　Südafrika

Über 60 Reisen ins südliche & östliche Afrika:

- Kleingruppen-/Einzelreisen
- Individualreisen u. Familiensafaris
- Luxuriöse Fly-In Safaris
- Mobile Safaris und Campingreisen
- 4x4 Fahrzeuge
- Mietwagen,
- Unterkünfte uvm.

Mosambik　　Kenia　　Tansania　　Zambia　　Seychellen

Katalog/Programme oder individuelles Programm bei:

Abendsonne Afrika GmbH
Zur Unteren Mühle 1, D-89290 Buch
Tel.+49.(0)7343.9297-80, Fax -81
e.mail: info@abendsonneafrika.de
www.abendsonneafrika.de

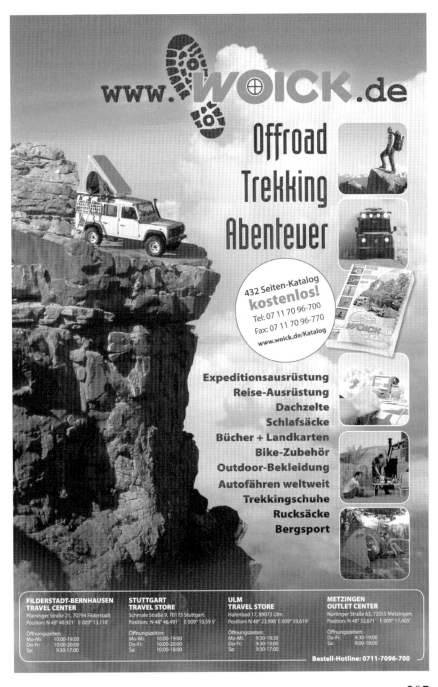

**Reservieren
Sie jetzt diese Seite mit
Ihrer Werbung in unserer nächsten Auflage**